frömmig
keit
und
glück

frömmig
keit

HEINRICH
BEDFORD-STROHM

und

glück

claudius

Claudius Verlag München 2022
www.claudius.de

Umschlaggestaltung: Weiss Werkstatt, München
Gesetzt aus der Myriad Pro
Druck: finidr s.r.o, Český Těšín

ISBN 978-3-532-62871-3

INHALT

was
frömmigkeit
und glück
miteinander
zu tun haben

Es gibt wahrscheinlich wenige Themen, die gegenwärtig einen so hohen gesellschaftlichen Stellenwert genießen wie das Thema Glück. Die Menschen heute sind auf der Suche nach dem Glück. Vielleicht mehr denn je, weil die Orientierungen, aus denen wir leben, eben nicht mehr selbstverständlich sind. Natürlich wollen wir ein möglichst glückliches Leben haben. Die immer zahlreicheren Glücksratgeber finden sich in jeder Buchhandlung. Da kann man manchmal schon den Eindruck haben, mit dem Glück sei es wie mit einem guten Kochrezept: man muss nur die richtigen Zutaten reintun, und dann kommt – jedenfalls mit etwas Geschick – auch ein schmackhaftes Mahl dabei raus. Aber schon beim Kochen ist das nicht so einfach. Nicht immer haut es mit dem Ergebnis hin, auch wenn man sich Mühe gegeben hat und alle Zutaten sorgfältig abgemessen hat. Erst recht ist es so mit dem Glück. Es ist eben nicht einfach planbar. Zuviel passiert im Leben, was wir nicht unter Kontrolle haben, als dass wir das Glück irgendwie selbst machen könnten.

Und auch da, wo Ereignisse über uns hereinbrechen, die wir nicht kontrollieren können, denen gegenüber wir Ohnmacht empfinden, ist noch keineswegs ausgemacht, ob sie sich als Verhängnis oder als Glücksfall erweisen. Dazu eine Geschichte:

„Eines Tages lief einem Bauern das einzige Pferd fort und kam nicht mehr zurück. Da hatten die Nachbarn Mitleid mit dem Bauern und sagten: ‚Du Ärmster! Dein Pferd ist weggelaufen – welch ein Unglück!' Der Landmann antwortete: ‚Wer sagt denn, dass dies ein Unglück ist?' – Und tatsächlich kehrte nach einigen Tagen das Pferd zurück und brachte ein Wildpferd mit. Jetzt sagten die Nachbarn: ‚Erst läuft dir das Pferd weg – dann bringt es noch ein zweites mit! Was hast du bloß für ein Glück!' Der Bauer schüttelte den Kopf: ‚Wer weiß, ob das Glück bedeutet?' Das Wildpferd wurde vom ältesten Sohn des Bauern eingeritten; dabei stürzte er und brach sich ein Bein. Die Nachbarn eilten herbei und sagten:

‚Welch ein Unglück!' Aber der Landmann gab zur Antwort: ‚Wer will wissen, ob das ein Unglück ist?' Kurz darauf kamen die Soldaten des Königs und zogen alle jungen Männer des Dorfes für den Kriegsdienst ein. Den ältesten Sohn des Bauern ließen sie zurück – mit seinem gebrochenen Bein. Da riefen die Nachbarn: ‚Was für ein Glück! Dein Sohn wurde nicht eingezogen!' Glück und Unglück wohnen eng beisammen, wer weiß schon immer sofort, ob ein Unglück nicht doch ein Glück ist?"

Diese Geschichte von Christian Morgenstern bringt in eindrucksvoller Weise zum Ausdruck, wie wenig offensichtlich die Deutung eines bestimmten Ereignisses ist. Man kann den gleichen Vorgang als Glück oder als Unglück deuten. Häufig verändert die Zeit auch die Deutung. Der Lottogewinner, der plötzlich steinreich wird und von allen wegen seines Glückes beneidet wird, sieht viele Jahre später darauf zurück und stellt möglicherweise fest, dass sein Leben seitdem nicht bergauf, sondern bergab gegangen ist. Freundschaften, berufliche Wege, Ehe und Familie haben keinen guten Verlauf genommen. Das, was zunächst als Glück erschien, erscheint jetzt als großes Unglück.

Aber auch das Umgekehrte geschieht: Was als großes Unglück im Leben erfahren worden ist, kann im Rückblick als Ausgangspunkt persönlichen Wachstums und des Erschließens neuer Horizonte gesehen werden. Zu den eindrucksvollsten Erfahrungen meiner Zeit als Gemeindepfarrer gehören die Besuche bei Menschen, die auch das Schwere in ihrem Leben angenommen haben und dann Wege in ihrem Leben gegangen sind, auf die sie dann dankbar zurückschauten, weil sich unerwartete Türen neu geöffnet haben. Dass aus dem Schweren auch Gutes kommen kann, ist, als Allgemeinplatz dahergesagt, nichts mehr als eine billige Trostformel. Oft genug tun sich durch schlimme Ereignisse Abgründe auf, die auch langfristig nur zerstörerische Wirkung entfalten. Wenn aber jemand aber sein eigenes Leben so deutet, dass er oder sie in der Verlusterfahrung rückblickend den Keim für etwas Neues sieht, das später zur Basis neuen Glücks geworden ist, kann das große inspirative Kraft entwickeln.

Es spricht viel dafür, dass ein Leben, das wir in dieser Perspektive leben können, auch ein glücklicheres Leben ist. Und es spricht viel dafür, dass eine wesentliche Basis dafür das ist, was mit dem auf den ersten Blick altmodisch wirkenden Begriff „Frömmigkeit" gemeint ist. Dass „Frömmigkeit" ein Wort ist, das keinen guten Ruf hat, habe ich vor Jahren bei einem öffentlichen Vortrag im österreichischen Benediktinerkloster Kremsmünster erfahren. In meinem Vortrag vor einer zahlreichen Zuhörerschaft hatte ich auch von Frömmigkeit als Basis für ein leidenschaftliches Engagement für die Welt gesprochen. Nach der Veranstaltung beim Bier danach sagte mir eine Zuhörerin: „Herr Bischof, was Sie über den Glauben als Quelle des Engagements für die Welt gesagt haben, hat mir gut gefallen. Aber Sie hätten dafür nicht das Wort ‚Frömmigkeit' verwenden dürfen." Und dann erzählte sie mir von ihren Assoziationen mit diesem Begriff: Bigotterie, Heuchelei, Moralismus, Klerikalismus, Zwangsvaterunser, Werkgerechtigkeit – es war so ziemlich alles dabei, was man als Zutaten braucht, um einen Menschen von Kirche und Religion zu entfremden. Was bei ihr der Hintergrund im österreichischen Katholizismus war, hätten in anderer Schattierung und mit anderen Akzenten auch bestimmte protestantische Milieus in Deutschland oder anderswo sein können.

Eine ähnliche Erfahrung machte ich in einer deutschen Talkshow, in der ich versuchte, die positive Bedeutung von Frömmigkeit für das Leben – zugegebenermaßen gewagt – am Beispiel der Buße zu erläutern. Ich sprach von der großen Bedeutung eines regelmäßigen kritischen Blicks auf sich selbst für ein gutes Leben, eines

Blickes, der gerade durch das tiefe Gefühl des Angenommenseins möglich wird. Die Reaktion anderer Teilnehmer der Runde war fast gereizt. Beichte und Buße seien ein auf allen möglichen aus den Fingern gesogenen Sünden basierendes Ritual, das Menschen nur klein mache. Dass es mir gerade um das Gegenteil ging, ist mir nicht gelungen zu vermitteln. Zu stark hatten sich die biographischen Erfahrungen einer lebensfeindlichen, pervertierten kirchlichen Praxis dazwischengeschoben.

Ja, es ist viel Ballast, der mit diesem so altmodisch klingenden Wort „Frömmigkeit" verbunden ist. Ich finde trotzdem: Frömmigkeit ist ein Zukunftsmodell. In Zeiten, in denen die schnelle und effektive Selbstoptimierung den Ton angibt, ist sie vielleicht mehr denn je ein alternativer Zugang zum Leben. Denn wer wirklich fündig werden will auf der Suche nach einem erfüllten Leben, braucht mehr als das, was die Ratgeber mit Titeln wie „Zehn Wege zu einem glücklichen

Leben" empfehlen. Glücks- und Dankbarkeitstagebücher sind tatsächlich hilfreich, wenn wir versuchen wollen, bewusster zu leben und nicht alles für selbstverständlich zu nehmen, was wir jeden Tag an Gutem erfahren und oft viel zu wenig wahrnehmen. Aber erreichen sie wirklich die Seele?

Frömmigkeit ist eine Lebenshaltung, die das eigene Leben in den Horizont der Beziehung zu Gott stellt und diese Beziehung auch pflegt. Durch tägliches Gebet. Durch das regelmäßige Lesen der Bibel. Durch die Gemeinschaft mit anderen, die das Gleiche tun. Durch den gemeinsamen Gesang, der wie kaum etwas anderes das Herz öffnet und froh macht.

Darüber etwa, dass ein Leben in Hoffnung und Zuversicht das erfülltere Leben ist, besteht breite Einigkeit. Aber was ist die Quelle für ein solches Leben? Meine Antwort: Darin, dass wir uns einüben in eine Sprache der Seele, die uns diese tiefe Gewissheit vermittelt. Für mich sind die biblischen Psalmen die kraftvollste Schule für diese Sprache der Seele, die ich mir vorstellen kann. Eines der Top-Beispiele: Psalm 139. Er strahlt für mich eine Geborgenheit und Zuversicht aus, die selbst in den größten Abgründen des Lebens trägt: „Führe ich gen Himmel, so bist du da; bettete ich mich bei den Toten, siehe, so bist du auch da. Nähme ich Flügel der Morgenröte und bliebe am äußersten Meer, so würde auch dort deine Hand mich führen und deine Rechte mich halten. Spräche ich: Finsternis möge mich decken und Nacht statt Licht um mich sein –, so wäre auch Finsternis nicht finster bei dir, und die Nacht leuchtete wie der Tag. Finsternis ist wie das Licht. Denn du hast meine Nieren bereitet und hast mich gebildet im Mutterleibe. Ich danke dir dafür, dass ich wunderbar gemacht bin; wunderbar sind deine Werke; das erkennt meine Seele." (Ps 139,8–14)

Man stelle sich nur einmal einen Moment lang vor, diese Worte würden zum Grundton der eigenen Seele. Wir fühlten uns geborgen an allen Orten und in allen Lebenssituationen. Und würden selbst Finsternis noch wie Licht erfahren können. Wir könnten ganz Ja zu uns selbst und zum anderen sagen, weil wir das tief in uns spüren, dass wir wunderbar gemacht sind. Die Einübung in dieses Lebensgefühl – das ist Frömmigkeit. Eine kraftvollere Lebensbasis gibt es nicht. Deswegen ist Frömmigkeit ein Zukunftsmodell.

Dieses Buch ist der Versuch, deutlich zu machen, dass religiöse Praxis auf der Basis der biblischen Tradition alles andere als lebensfeindlich ist. Ich will mich nicht damit abfinden, dass all die stärkenden, zentrierenden, lebensfreundlichen Inhalte, die den Kern christlicher Traditionen ausmachen, heute von vielen Menschen jenseits des Christentums gesucht werden, obwohl sie in den für unsere Kultur historisch so prägenden christlichen Inhalten sozusagen „direkt vor der Haustür" liegen.

Die viel zu hohe Zahl der Kirchenaustritte liegt in ihrem Kern darin begründet, dass die Menschen mit Kirche und Bibel genau das nicht mehr oder nicht mehr ausreichend verbinden. Moralismus, Dogmatismus, autoritäres Gehabe, hölzerne Weitergabe dogmatischer Richtigkeiten, Unglaubwürdigkeit im tatsächlichen Leben der gepredigten Inhalte ist der jahrhundertelang gewachsene Unrat, der zu den gegenwärtigen Entfremdungserscheinungen geführt hat. In einer Gesellschaft, in der sich die Menschen aus Freiheit und nicht mehr aus Konvention oder gar Zwang religiösen Gemeinschaften anschließen, muss die Kirche ihre allein auf äußerer Autorität beruhenden gesellschaftlichen Machtansprüche und all die damit verbundenen Formen und Praktiken hinter sich lassen und neue innere Autorität entwickeln.

Der Weg dazu sind nicht allein strukturelle Veränderungen in der Kirche – die braucht es auch. Der Weg dazu ist vor allem die Neuentdeckung ihrer eigenen religiösen Quellen, allen voran der Bibel. Das ist das, was ich einmal zu Beginn meiner Bischofszeit als „religiöse Erweckungsbewegung der ganz anderen Art" bezeichnet habe. Der Grund dafür, dass ich fest an die Wiederentdeckung des Christentums auch in unserem Land und in unserer Kultur glaube, ist nicht, dass wir die perfekten Botschafter seiner Inhalte sind, so sehr wir auch daran arbeiten müssen und können. Der Grund dafür ist, dass die Botschaft so stark ist und so relevant für die sogenannten „modernen Menschen von heute". Nie ist mir das so deutlich geworden wie bei meiner Beschäftigung mit der Glücksforschung. Die Glücksforschung befasst sich ja nicht speziell mit religiös geprägten Menschen. Sondern sie versucht herauszufinden, was für die Zufriedenheit – oder eben mit diesem noch gewichtigeren Wort gesagt – für das Glück der Menschen die entscheidenden Faktoren sind.

Es war für mich eine Offenbarung, zu sehen, dass die Inhalte, auf die die Glücksforscherinnen und

Glücksforscher als Ergebnis ihrer Untersuchungen kommen, genau die Inhalte sind, die in der Bibel im Zentrum stehen. In vielen Vorträgen über dieses Thema und den Gesprächen danach hat sich meine Wahrnehmung vertieft, die zu dem Titel dieses Buches geführt hat: Frömmigkeit und Glück sind Geschwister. Frömmigkeit ist eine besonders starke Antwort auf die Frage, auf die die Glücksratgeber nur begrenzt antworten können: Wie komme ich zu der tatsächlichen Erfahrung des Glücks, das mir in den Glücksratgebern vor Augen gemalt wird? Auch dort werden wertvolle Tipps gegeben – etwas das Anlegen eines Glückstagebuchs, in dem ich täglich aufschreiben kann, was mich dankbar macht. Aber eine Einübung in das Glück, die nicht nur den Kopf und nicht nur das Herz, sondern wirklich die Seele erreicht, also die tiefsten Tiefen meiner Existenz, die braucht mehr. Ich bin davon überzeugt, dass eine Praxis der Frömmigkeit dafür die beste Grundlage gibt. Wenn ich hier bewusst das traditionelle Wort Frömmigkeit verwende und nicht das ebenfalls durchaus mögliche Wort „Spiritualität", dann will ich damit sagen: in den biblischen Texten und in den jahrhundertelang gewachsenen Traditionen steckt ein Potenzial an Kraftquellen und Lebensorientierungen, das neu freigelegt zu werden verdient.

glück
und
leid

Glück ist ein urbiblisches Thema. Eine der meist-zitierten Textpassagen des Neuen Testaments hat mit dem Glück zu tun. Die Seligpreisungen aus der Bergpredigt Jesu (Mt 5,3–12) können vom griechischen Wortsinn her auch als „Glück-lichpreisungen" bezeichnet werden. In den Se-ligpreisungen werden Erfahrungen des Leidens erstaunlicherweise nicht als Gegensatz zum Glücklichsein gesehen, sondern als etwas, das in eine tiefere Glücksperspektive zu integrieren ist. Das ist bereits ein sehr wichtiger Hinweis, wie die Bibel gelingendes Leben versteht. Das Lei-den wird nicht verdrängt oder ausgespart, damit man glücklich ist. Vielmehr besteht die Seligkeit, das Glück des Menschen darin, dass er sich in seiner Ganzheit, so wie er oder sie ist, auch im Leiden von Gott getragen und gesehen und ge-tröstet weiß.

Natürlich ist das Glück auch ein Hochgefühl. Glück heißt, dass ich aus der Fülle leben darf und nicht aus der Knappheit leben muss. Glück heißt, dass ich einen inneren Frieden spüren darf und nicht aus der Angst leben muss. Es gibt das Augenblicksglück, es gibt den Genuss, das Hochgefühl, und das ist auch etwas ganz Wunderbares, das man als Geschenk Gottes dankbar annehmen sollte. Aber Glück heißt auch, dass ich nicht nur dann eine Basis für mein Leben habe, wenn die Dinge gut für mich laufen, sondern dass ich eine Basis habe, die tragfähig ist auch in den schweren Zeiten, wenn Leid in mein Leben kommt. Glück im umfassenden Sinne heißt eben in guten wie in schweren Tagen sich getragen und geborgen fühlen zu dürfen.

Deswegen ist es wichtig zu erkennen und anzunehmen, dass das Glück nicht machbar ist, auch wenn die Zutaten zum Glück, die im Glücksratgeber als Rezept genannt werden, noch so hilfreich sind. Denn Glück hat sehr viel zu tun mit etwas Passivem. Es hat damit zu tun, dass ich offen durchs Leben gehe und das, was mir widerfährt, in einen bestimmten Verstehenshorizont integriere. Glück heißt eben auch, dass ich in einer bestimmten Weise mit dem umgehen kann, was ich gerade nicht einfach machen kann, was ich nicht beeinflussen kann, was mir einfach widerfährt.

Wir meinen manchmal, das Glück entsteht dadurch, dass wir uns anstrengen und bestimmte Dinge tun, und deswegen verbissen am Glück arbeiten. Genau so stehen wir dem Glück möglicherweise im Wege. Die christliche Perspektive hat einen ganz anderen Ansatz. Wir wollen natürlich Welt gestalten, wir sind natürlich aktiv und wollen etwas für die Welt. Aber gleichzeitig wissen wir, dass die Welt in Gottes Hand liegt und nicht in unserer. Deswegen können wir auch etwas an uns geschehen lassen und es in den Horizont der liebenden Zuwendung Gottes stellen. Das ist ein viel lebensnäherer Zugang, denn jeder Mensch kennt Situationen, in denen wir die Erfahrung machen, dass wir etwas *nicht* unter Kontrolle haben, dass wir einfach ohnmächtig sind. Das kann zum Beispiel sein, wenn wir bei Krankheit und Tod erleben, dass wir völlig am Ende sind mit unseren Kontrollmöglichkeiten. Alle miteinander haben wir es in den letzten Jahren der Pandemie erfahren. Ein Virus, das man mit bloßem Auge nicht einmal sehen kann, hat unsere Welt komplett verändert. Auch wenn man nur dankbar staunen kann, wie schnell die Wissenschaft einen Impfstoff gegen das Virus entwickelt hat, bleibt doch die Erfahrung der weitgehenden Ohnmacht, die unseren Alltag in den Pandemiejahren geprägt hat. Dass die Gesten, die normalerweise am meisten Ausdruck von Liebe sind, Berührungen, Umarmungen, plötzlich zur Gefährdung und damit zum Feind der Liebe geworden sind, ist eine Erfahrung, deren Verarbeitung uns noch lange beschäftigen wird. Die virologische Inzidenz wird hoffentlich ihre Bedeutung verlieren. Die seelische Inzidenz wird – vor allem für die Kleinsten – noch lange Folgen haben.

Dazu ist nun nach zwei Jahren Pandemie auch noch der Krieg in der Ukraine gekommen. Wie eine dunkle Wolke legt sich das Unfassbare, was dort gerade geschieht, auf unsere Seele. Mir sind die Tränen gekommen, als ich das Bild von der hochschwangeren Frau sah, die von Helfern auf einer Trage durch die Ruinen einer Geburtsklinik in Mariupol getragen wurde. Das Bild steht für die Sinnlosigkeit und Abgründigkeit dieses Krieges, ähnlich wie das Bild des zweijährigen Alan Kurdi, der leblos an den türkischen Strand gespült wurde, für das Leid der Flüchtlinge 2015 stand. Inzwischen ist bekannt: Weder die Mutter auf dem Bild aus Mariupol noch das Kind haben überlebt.

Für mich sind diese Bilder moderne Kreuzigungsbilder. Ich wüsste nicht, wie ich sie ohne meinen Glauben aushalten könnte. Gott ist mitten drin in diesem Krieg. Aber er drückt ganz bestimmt keine Bombenknöpfe. Sondern er sitzt mit den verzweifelten Menschen in den U-Bahn-Schächten von Kiew. Er ist da unter den Trümmern des Theaters von Mariupol, wo das Leben verlischt.

Er ist zu hören im lauten Klagen der Menschen, die in Charkiw vor den zerbombten Ruinen ihrer Wohnblöcke stehen. Gott ist bei ihnen als Quelle von Kraft und Trost.

Wir Christen leben aus der Überzeugung, dass der Tod nicht das letzte Wort hat. Wir wissen um das Licht der Auferstehung, selbst dann, wenn unsere Gefühle nur noch Passionsgefühle sind. Für mich wird dieses Licht der Auferstehung auch jetzt schon sichtbar. In der Tapferkeit und Unbeugsamkeit der Menschen in der Ukraine. In den Menschen, die überall auf der Welt, unter hohem persönlichen Einsatz auch in Russland, für den Frieden demonstrieren. Und vor allem in der unglaublichen Hilfsbereitschaft so vieler Menschen an so vielen Orten. Auch in unserer Kirche hier in Bayern und an anderen Orten Europas.

Und so gibt es in all dem Dunklen, was mit diesem Krieg verbunden ist, dann doch Glückserfahrungen. Ich habe solche Glückserfahrungen gehabt, als ich kurz nach dem russischen Angriff auf die Ukraine die Gemeinden unserer lutherischen Partnerkirche im Norden Ungarns besucht habe, die an der ukrainischen Grenze die Aufnahme der Flüchtlinge organisieren. Gemeindeglieder schmieren am Morgen 1.000 Brote, damit die Ankommenden gut versorgt sind. Dem Bürgermeister, der selbst Mitglied des Kirchenvorstands ist, melden sie Zimmer und Privatwohnungen, in denen die Flüchtlinge erst einmal unterkommen können. Für diejenigen, die aus der Grenzregion im Norden nach Budapest weiterfahren wollen, warten Lotsen am Bahnhof in Budapest, um ihnen weiterzuhelfen.

Auch unsere Kirchengemeinden hier in Bayern haben sich an vielen Stellen schnell für die Menschen zu engagieren begonnen, die vor dem Krieg in der Ukraine geflohen sind. Ein Pfarrer in Lauf liest im Gottesdienst die Predigt von Larissa Kostenka vor, der Kollegin in Winnyzja, einer 350.000 Einwohner zählenden Universitätsstadt in der Zentralukraine. Welch ein Zeichen: Das Wort Gottes zu uns gepredigt, direkt aus den Kriegsgebieten! Zusammen entwickeln sie den Plan und setzen ihn um, ein Café in der Nähe anzumieten, den Pächter als Koch und Projektleiter einzustellen und warmes Essen anzubieten und das Projekt im Wesentlichen mit Spendengeldern aus der Kirchengemeinde Lauf zu finanzieren.

Jetzt können einen Monat lang jeden Tag 50 Menschen versorgt werden. Täglich posten die Laufer auf einer Homepage Bilder aus dem Partnerschaftsprojekt, sodass die Gemeinde mitverfolgen kann, wie ihr Geld verwendet wird und wie es den Menschen in der ukrainischen Gemeinde geht.

Oder die Gemeinde Wiesenbronn bei Castell: sie hat in einem Haus der Evangelischen Landjugend mit hohem ehrenamtlichen Engagement Unterkünfte für 20 Flüchtlinge hergerichtet. Die gespendete Küche wird von Ehrenamtlichen eingebaut, Stockbetten gebraucht online gekauft, die dann aber von den Verkäufern gespendet werden.

Das sind nur wenige Beispiele für viele eindrucksvolle spontane Hilfsangebote. Mindestens genauso wichtig wie Unterkünfte ist die menschliche Begleitung – durch konkrete Alltagshilfe der Ankommenden vor Ort, durch Sprachkurse, durch Kinderbetreuung, durch alle Bemühungen, den Kindern Plätze in der Schule zu besorgen.

In den ersten Kriegswochen war ich in die BR-Sendung „Jetzt red i" eingeladen. Auch die Menschen, denen ich dort begegnet bin, haben mich tief beeindruckt. Menschen aus der Ukraine, die in sehr berührender Weise berichtet haben von dem Leid derer, die vom Krieg betroffen sind, aber auch von der Angst, die sie um ihre Angehörigen dort haben. Und es waren Menschen da, die von ihren Hilfsaktivitäten berichtet haben.

Eine von ihnen hat mir nach der Sendung im Blick auf ihr Helfen gesagt: „Ich schlafe jeden Abend glücklich ein."

Am Ende war auch von Engeln die Rede – das war für mich der berührendste Moment des Abends: Eine ukrainische Teilnehmerin, Natascha Schwark, die ihre Freundin an der Grenze zur Slowakei empfangen hatte, berichtete von deren Worten, als sie die Grenze überschritten hatte: „Natascha, ich bin nicht abergläubisch. Aber die Engel haben mich an die Hand genommen und weitergeführt." Und dann fügte sie mit gebrochener Stimme selbst hinzu: „Diese Geborgenheit und Sicherheit für einen Menschen ... Wir sind alle sehr dankbar. Und das gibt die Hoffnung."

Manchmal umgeben uns die Engel unsichtbar. Manchmal kommen sie in Menschengestalt. Schon lange habe ich nicht mehr so viele Engel unter uns gesehen wie gerade jetzt. Das ist für mich ein Glückserfahrung.

Wer ein Glückskonzept vertritt, das allein die angenehmen Seiten des Lebens ins Zentrum rückt und die Leid- und Ohnmachtserfahrungen ausblendet, der droht, in solchen Situationen sprachlos zu bleiben.

Die Frage ist: In welche Grundperspektive zeichne ich mein Leben ein? Die christliche Perspektive ist nicht zuletzt deswegen so stark, weil sie neben dem Hochgefühl auch das Leiden zu integrieren vermag. Christ*innen glauben an einen Gott, der selbst die Erfahrung der Ohnmacht am Kreuz gemacht hat. Die christliche Religion geht von der Annahme aus, dass dieser Jesus Christus, der am Kreuz gestorben ist, wieder auferweckt worden ist. In der Situation der totalen Ohnmacht hat am Ende nicht das Nein, sondern das große Ja zum Leben gestanden … und Christus ist auferstanden.

Das ist die Grundlage dafür, dass Jesus in den Seligpreisungen sagt: „Selig sind, die da Leid tragen, denn sie sollen getröstet werden." Und er fügt hinzu: „Selig sind, die um der Gerechtigkeit willen verfolgt werden, denn sie werden Gottes Kinder heißen. Selig sind, die hungert und dürstet nach der Gerechtigkeit, denn sie sollen satt werden." Das sind alles Seligpreisungen, die das Leiden, das Unrecht, mit in den Horizont integrieren.

Sie sind die Grundlage für ein Vertrauen, das auch vor den schweren Zeiten keine Angst haben muss, weil es sich auch dann begleitet weiß. Jeder, der schon mal die Dichte von menschlicher Beziehung erlebt hat, die entsteht, wenn Menschen sich wechselseitig im Leid beistehen, der weiß ganz genau, dass auch solche Zeiten – auf einen ganzen Lebensbogen bezogen – zum Lebensglück beitragen können. Menschen, die schwere Zeiten durchgemacht haben, wachsen und verändern sich durch diese schweren Zeiten. Immer wieder bin ich in der Seelsorge alten Menschen begegnet, die ihr Leben so gedeutet haben, dass auch die schweren Zeiten Führung und Begleitung durch Gott sind. Das hat mich immer besonders beeindruckt.

Solche persönlichen Deutungen des eigenen Lebens sind etwas anderes als der Versuch, das Leid wegzuerklären. Es gibt Erfahrungen von Sinnlosigkeit, in denen jeder Versuch, einem betroffenen Menschen einen Sinn vermitteln zu wollen, fast schon grausam ist, weil dieser Mensch die Erfahrung von Sinnlosigkeit einfach *macht*. Was dieser Mensch braucht, ist jemand, der diese Sinnlosigkeit mit ihm zusammen aushält. Die Kraft dazu kann aus dem christlichen Glauben kommen, in dessen Zentrum ein Gott steht, der diese Sinnlosigkeit selbst erfahren hat, der in Jesus Christus als menschliche Gestalt am Kreuz geschrien hat: „Mein Gott, mein Gott, warum hast du mich verlassen?"

Es ist ein ungeheuerliches Phänomen der Religionsgeschichte, dass einer, der so schreit und die absolute Abgründigkeit des Leidens erlebt, als Sohn Gottes bezeichnet wird. Das ist für mich ein Grund, warum ich der festen Überzeugung bin, dass es vielleicht keine andere Perspektive des Lebens gibt, die so sehr wie die christliche fähig ist, genau solche Situationen der Sinnlosigkeit und der Verzweiflung aufzunehmen und auszuhalten, anstatt sie einfach wegzuerklären.

was macht
glücklich?
frömmigkeit
und
glücksforschung

Kurz bevor ich zum Landesbischof gewählt wurde, hatte ich als Vorsitzender der Gesellschaft für Evangelische Theologie, einer auf die Bekennende Kirche zurückgehenden traditionsreichen theologischen Vereinigung, den Auftrag, eine Tagung über das Thema „Glück" zu organisieren. Zur Vorbereitung dieser Tagung befasst ich mich mit der Glücksforschung. Und je mehr ich darüber las, desto mehr faszinierte mich das Thema. Und das nicht nur deswegen, weil es ein Thema ist, das die Menschen überall auf der Welt schon immer beschäftigt hat. Sogar in die Unabhängigkeitserklärung eines der größten Länder der Erde, der USA, ist es eingegangen. Der „Pursuit of Happiness", das Streben nach Glück wird dort neben dem Recht auf Leben und dem Recht auf Freiheit als drittes unveräußerliches Recht des Menschen genannt. Der wichtigste Grund, dass ich von den Ergebnissen der Glücksforschung so elektrisiert war, war, dass mir das alles so bekannt vorkam. Es waren nämlich haargenau die Themen, auf die ich beim Lesen der Bibel über so viele Jahre immer wieder gestoßen war.

Die Glücksforschung nimmt ja nicht religiöse Menschen in den Blick. Sie versucht herauszufinden, was die modernen Menschen von heute auf der Suche nach dem Glück erhoffen und ersehnen. Sie beschreibt anhand der Daten in den Zufriedenheitsindizes, die regelmäßig durch Befragung eines repräsentativen Ausschnitts der Bevölkerung erstellt werden, was für die Menschen besonders wichtig ist, um glücklich leben zu können. Wenn die Themen, die sich dabei herausschälen, in den alten Texten der Bibel eine so zentrale Stelle einnehmen, dann heißt das ja, dass diese Texte alles andere als irrelevant für die Menschen von heute wären, sondern hochaktuell.

Was sagen die Glücksforscher aber nun? Einer von ihnen, Karl-Heinz Ruckriegel, gibt als Konsequenz seiner Forschungen konkrete Ratschläge.[1]

Dankbarkeit

„Üben Sie Dankbarkeit. Wer lernt, dankbar zu leben, führt ein glücklicheres Leben."

Dieser Ratschlag hat eine hohe Plausibilität im Lichte der Alltagserfahrungen. Ihn aber im täglichen Leben wirklich zu berücksichtigen, ihn zu leben, ist viel schwieriger.

Warum ist es nur so schwer, dankbar zu sein? Woher kommt diese Tendenz, vor allem das wahrzunehmen, was nicht gut läuft, und für selbstverständlich zu halten, was gut läuft? Wir hadern mit dem Schicksal, wenn uns etwas Schlechtes widerfährt. Und wenn es etwas wirklich Schlimmes ist, ist das nur allzu gut nachvollziehbar. Aber warum machen wir uns so selten klar, wie vieles gut läuft? Was uns alles Schlechtes oder sogar Schlimmes erspart geblieben ist? Wir stehen im Stau und ärgern uns, sind genervt. Aber vielleicht war es eben jener Stau, der dafür gesorgt hat, dass wir ohne Schaden nach Hause gekommen sind. Wenn etwas passiert, reden wir von einer „Verkettung von unglücklichen Umständen". Warum reden wir so wenig von der „Verkettung von glücklichen Umständen", die uns vor Schaden bewahrt haben könnte?

Solche Überlegungen können unbarmherzig sein, wenn Menschen von Schaden oder Leid betroffen sind. Denn Klagen hat seine Zeit. Aber das Danken hat eben auch seine Zeit. Wir haben im Kirchenjahr sogar ein eigenes Fest dafür: das Erntedankfest. Die Bäuerinnen und Bauern, die dieses Fest in besonderer Weise lebendig gehalten haben, wissen aus ihrer täglichen Erfahrung, wie wenig selbstverständlich eine gute Ernte ist. Und wie sehr sie von Faktoren abhängig ist, die nicht in unserer Hand liegen. Ob es genug regnet und genug Sonne gibt, sodass die Früchte der Erde wachsen können, hängt vom Wetter ab. Und das liegt auch in Zeiten menschengemachter Klima-erwärmung nicht in der Kontrolle der Menschen.

Es hat seinen tiefen Sinn, dass das Erntedankfest immer auch ein Fest des Teilens ist und war. In der Gemeinde, in der ich Pfarrer war, haben wir die mitgebrachten und vor dem Altar versammelten Gaben zu einem großen Essen verarbeitet, zu dem Wohlhabende und Arme zusammengekommen sind.

All das sind Beispiele dafür, dass Dankbarkeit Konsequenzen hat. Wer dankbar ist, weiß, dass er Grund dafür hat. Weiß, dass das eigene Glück weder selbstverständlich noch verdient worden ist. Wer sich immer wieder daran erinnern lässt, dass das eigene Leben sich einer „Verkettung glücklicher Umstände" verdankt, gibt etwas von dem Segen weiter, der auf ihm liegt.

Vor Kurzem war mein zweijähriger Enkel bei mir zum Übernachtungsbesuch – nur Enkel und Opa. Es war das erste Mal, dass er nicht zu Hause übernachtete. Schnurstracks steuerte er mit mir an der Hand beim kleinen Abendspaziergang auf die Eisdiele zu. Als wir ohne Worte unsere knusprige Eiswaffel mit dem köstlichen Eis – er Schokolade, ich Mango – genossen und mein Enkel am Ende vom rechten bis zum linken Ohr vollgekleckert war, habe ich es ganz deutlich gespürt – das Glück. Ich fühlte mich unendlich dankbar für diesen innigen Moment der Zweisamkeit. Dass Glück und die Dankbarkeit Geschwister sind.

Beim Abendgebet vor dem Einschlafen, bei dem wir den Tag Revue passieren lassen, ist der Dank ein ständiger Gast – vielleicht sogar an manchen Tagen, die schwierig waren. Dinge nicht als selbstverständlich anzusehen, sondern als Geschenk Gottes, das wirkt sich aus, auf das Lebensgefühl, in dem wir durch die Zeit gehen.

Dankbarkeit für das erfahrene Gute lehrt Demut und umgekehrt. Wer weiß, dass er das, was er hat und was er ist, nicht sich selbst verdankt, sondern es als Geschenk aus Gottes Hand nimmt, der geht anders mit der Welt um.

Wenn ich weiß, dass ich kein „self-made-man" bin, sondern ein „god-made-man" oder „-woman", dann kann ich gar nicht anders als das, was Gott mir schenkt, mit anderen zu teilen, die weniger gesegnet sind als ich. Und wenn ich einigermaßen ehrlich auf mein Leben schaue, dann sehe ich, wie viele Menschen rechts und links des Lebenswegs mir geholfen haben, dahin zu kommen, wo ich bin, dann weiß ich ganz genau, wie sehr meine eigene Existenz eine verdankte Existenz ist. Wir haben uns alle miteinander nicht selbst geboren, sondern sind durch unsere Mütter auf diese Welt gelangt!

Wer aus der Dankbarkeit lebt, lernt, aus der Fülle zu leben, unabhängig davon, wie voll das Bankkonto ist. Und wer tatsächlich ein volles Konto hat, den motiviert die Dankbarkeit, etwas davon abzugeben. Und er wird erfahren, dass seine Lebenszufriedenheit dadurch nicht kleiner wird, sondern größer. Denn das Glück gehört zu den Dingen, die größer werden, wenn man sie teilt.

Selten war die Dankbarkeit als Grundlage eines bewussten Lebens so aktuell wie heute. Denn wir sind in den letzten zwei Jahren durch eine schwere Zeit gegangen, die an niemandem spurlos vorübergegangen ist. Und man muss sagen: hoffentlich an niemandem spurlos vorübergegangen ist. Denn der Blick zurück auf diese Zeit ist auch ein Blick nach vorne und eine Einladung zu einem bewussten, dankbaren Leben. Vieles, was so selbstverständlich schien, hat sich als keineswegs selbstverständlich erwiesen. Wir haben erlebt, dass all das, was wir als physische Ausdrucksformen menschlicher Liebe und Nähe kennen, ein Händeschlag, eine Berührung, eine Umarmung, plötzlich zum Feind der Liebe geworden ist. Der Kopf hat es angesichts der klaren virologischen Befunde schnell verstanden – die Seele aber nicht. Das war schon bei Erwachsenen so, erst recht ist es so bei Kindern und Jugendlichen.

Umso mehr Grund zur Dankbarkeit gibt es dafür,
wenn wir wieder zusammenkommen können.

Seine Verletzlichkeit schmerzhaft vor Augen geführt zu bekommen kann, wenn es gut läuft, helfen, viel mehr als vorher, bewusst und achtsam miteinander umzugehen und Gemeinschaft miteinander zu leben. Und es kann helfen, Segnungen noch bewusster wahrzunehmen als das bisher der Fall war. Etwa die Segnungen der Medizin, die es möglich gemacht hat, einen wirksamen Impfstoff in einer Geschwindigkeit zu entwickeln, die vorher kaum jemand für möglich gehalten hätte. Man muss sich nur einen Moment lang vorstellen, wie viele weitere Menschen ihr Leben verloren hätten, wenn das nicht der Fall gewesen wäre.

Aber wie können wir dankbar leben? Meine Antwort: Religiöse Praxis ist die beste Schule der Dankbarkeit. Wenn ich in einem der vielen Glücksratgeber, die gerade Konjunktur haben, am Abend lese: „Lernen Sie, dankbar zu leben" und mir dann auf meinem Weg zu einem glücklichen Leben für den nächsten Tag vornehme, ab morgen dankbar zu sein, dann werde ich vermutlich am nächsten Morgen enttäuscht werden. Dankbarkeit kann man sich nicht anlesen.

Aber lernen kann man sie. Und zwar durch religiöse Praxis. Wenn ich jeden Abend Psalm 103 lese und sage: „Lobe den Herrn, meine Seele, und vergiss nicht, was er dir Gutes getan hat" dann findet die Dankbarkeit Schritt für Schritt ihren Weg in meine Seele. Und wenn ich morgens als erstes beim Blick auf mein etwas zerknittertes Gesicht im Spiegel Psalm 139,14 spreche: „Ich danke Dir, Gott, dass ich wunderbar gemacht bin" – dann gehe ich anders in den Tag. Auch Kirchenlieder wie das altehrwürdige „Nun danket alle Gott" oder der Familiengottesdienstschlager „Danke für diesen guten Morgen" können Teil solcher religiöser Praxis sein, die die Dankbarkeit nicht nur in meinen Kopf, sondern in Herz und Seele verankert.

Im 1. Thessalonicherbrief erscheint die Dankbarkeit geradezu als Königin eines guten Lebens. „Wir ermahnen euch aber, liebe Brüder", sagt Paulus, „weist die Unordentlichen zurecht, tröstet die Kleinmütigen, tragt die Schwachen, seid geduldig gegen jedermann. Seht zu, dass keiner dem andern Böses mit Bösem vergelte, sondern jagt allezeit dem Guten nach untereinander und gegen jedermann. Seid allezeit fröhlich, betet ohne Unterlass, seid dankbar in allen Dingen; denn das ist der Wille Gottes in Christus Jesus an euch" (1. Thess 5,14–16). Wie ein kleiner Katechismus für das christliche Leben sind diese Worte – wie ein Leuchtturm, auf den wir schauen können, wenn wir in der heutigen Welt den Kompass verloren haben. Und er mündet in die Dankbarkeit.

Meinem Enkel möchte ich diese religiöse Basis als Schule der Dankbarkeit – je mehr, desto größer er wird – mit auf den Weg geben. Die Abendstunde ist immer eine besonders intensive Zeit des Zusammenseins. Wir können uns nochmal erzählen, was wir am Tag besonders schön fanden und was nicht. Und dann können wir Gott danken für das, was wir erleben und genießen durften. Die Nähe. Das Vertrauen. Das Schoko-Eis. Und dass Gott und seine Engel uns behütet haben. Und können dann noch ein Lied singen zum Einschlafen. Auch das kann man aus der Bibel lernen, deren Worte schon um den Zusammenhang von Glück, Dank und Musik wussten: „Nun ist mein Herz fröhlich, und ich will ihm danken mit meinem Lied." – so Psalm 28,7. Am besten, wir machen es wie in 1. Chronik 23,30 empfohlen: „An jedem Morgen sollten sie stehen, den HERRN zu loben und ihm zu danken, und ebenso an jedem Abend."

Zuversicht

„Seien Sie optimistisch und vermeiden Sie negatives Denken. Optimistisch zu sein, bedeutet voller

Zuversicht in die Zukunft zu blicken. Optimisten sind die besseren Realisten."

Sosehr die Gefahr besteht, dass ein solcher Rat im Sinne eines billigen Optimismus verstanden wird, so ist die Zuversicht doch ein Grundsignum christlicher Existenz.

Die Bibel erzählt die größte Hoffnungsgeschichte, die die Welt je gesehen hat. Sie erzählt von den Werken der Schöpfung, an deren Ende es heißt: Und siehe, es war sehr gut! Sie erzählt von einem Volk, das in der Sklaverei in Ägypten zugrunde zu gehen droht und dann erfahren darf, wie sein Gott es durch Mose aus der Sklaverei in die Freiheit führt. Sie erzählt von dem gleichen Volk, das vom rechten Weg abirrt und am Ende in der Gefangenschaft im Exil in Babylon landet und angesichts des Verlusts der Heimat in Verzweiflung zu versinken und an seinem Gott irre zu werden droht – und dann die Erfahrung macht, dass Gott der Schöpfer des Himmels und der Erden ist und sein Volk aus der Fremde nach Hause führt.

Und schließlich erzählt sie von jenem Jesus von Nazareth, der in Galiläa umherzieht und die Menschen fasziniert, weil er eine Liebe ausstrahlt, die sie noch nie erfahren haben und in der sie Gott selbst spüren. Und sie erzählt, wie sie dann die tiefste Enttäuschung erfahren, die man überhaupt nur erfahren kann, weil der Mann, in den sie so viele Hoffnungen gesetzt haben, verhaftet wird und jämmerlich als Folteropfer am Kreuz stirbt, mit einem Schrei der Verzweiflung auf den Lippen: Mein Gott, mein Gott, warum hast du mich verlassen!?

Und dann begegnen die Frauen ihm am leeren Grab, viele andere begegnen ihm danach und merken: Er ist auferstanden. Der Tod hat nicht das letzte Wort. Das Leben hat gesiegt. Und sie erzählen die Botschaft in alle Welt, durch viele Jahrhunderte hindurch bis heute, sodass

Christinnen und Christen wissen, dass die Welt nicht auf ein dunkles Loch zuläuft, sondern auf einen neuen Himmel und eine neue Erde, in der kein Leid, kein Schmerz, kein Geschrei mehr sein wird und in dem alle Tränen abgewischt sind. Mehr Hoffnung geht nicht!

Weil die Botschaft der Bibel die größte Hoffnungsgeschichte ist, die die Welt je gesehen hat, deswegen ist es so wichtig, dass wir diese Geschichte heute erzählen, erzählen in einer Welt, deren vielleicht knappste Ressource die Hoffnung ist.

Dass es sich bei dieser radikalen Hoffnungshaltung nicht um einen billigen Optimismus handelt, hat niemand so einprägsam deutlich gemacht und mit seinem Leben bezeugt wie Dietrich Bonhoeffer. Aus der Gefängniszelle heraus schreibt er:

„Optimismus ist in seinem Wesen keine Ansicht über die gegenwärtige Situation, sondern er ist eine Lebenskraft, eine Kraft der Hoffnung, wo andere resignierten, eine Kraft, den Kopf hochzuhalten, wenn alles fehlzuschlagen scheint, eine Kraft, Rückschläge zu ertragen, eine Kraft, die die Zukunft niemals dem Gegner läßt, sondern sie für sich in Anspruch nimmt. Es gibt gewiß auch einen dummen, feigen Optimismus, der verpönt werden muß. Aber den Optimismus als Willen zur Zukunft soll niemand verächtlich machen, auch wenn er hundertmal irrt. Er ist die Gesundheit des Lebens, die der Kranke nicht anstecken soll. Es gibt Menschen, die es für unernst, Christen, die es für unfromm halten, auf eine bessere irdische Zukunft zu hoffen und sich auf sie vorzubereiten. Sie glauben an das Chaos, die Unordnung, die Katastrophe als den Sinn des gegenwärtigen Geschehens und entziehen sich in Resignation oder frommer Weltflucht der Verantwortung für das Weiterleben für den neuen Aufbau, für die kommenden Geschlechter. Mag sein, dass der Jüngste Tag morgen anbricht, dann wollen wir gern die Arbeit für eine bessere Zukunft aus der Hand legen, vorher aber nicht."

Authentizität statt Fremdbestimmung

„Vermeiden Sie Grübeleien ... und soziale Vergleiche. Neid und Glück passen nicht zusammen."

Authentisch sein, sich selbst treu bleiben – das heißt aufhören, sich mit anderen zu vergleichen, sich vom Urteil der Anderen abhängig zu machen, den eigenen Wert, den eigenen Erfolg an den anderen zu messen. Der Neid ist wahrscheinlich eine der giftigsten Substanzen, wenn es um die sozialen Beziehungen geht.

Das „Gönnenkönnen" war auch in der Pandemie immer wieder gefragt. Als der Impfstoff knapp war und einige noch warten mussten, bis sie dran waren, gab es eine Diskussion um Lockerungen für die bereits Geimpften, die für Andere keine übermäßige Gefahr mehr darstellten. Sollten sie sich endlich wieder in Restaurants aufhalten und endlich wieder Freiheiten genießen können, die ohne Impfung zu viel Risiko bedeutet hätten? Lockerungen für Geimpfte – so hieß es weithin – gefährdeten den sozialen Zusammenhalt. Ich habe das nie wirklich verstanden. Warum sollte man es denen, die niemanden mehr gefährdeten, verwehren, diese Freiheiten wieder zu genießen? Warum sollte es für noch nicht Geimpfte nicht möglich sein, fröhliche Menschen sehen zu können, die endlich wieder Gemeinschaft und die Leichtigkeit des Seins erleben konnten, auch wenn es bei ihnen selbst noch etwas dauern würde? Warum sollten sie sich nicht mitfreuen können, wohl wissend, dass es nach absolvierter Impfung auch bald bei ihnen so weit sein würde? Oder dank Schnelltests vielleicht sogar schon vorher?

Neid ist kein Aktivposten für ein glückliches Leben. Die Glücksforschung sagt genau das

Gegenteil: Wer anderen etwas gönnen kann, ist selbst ein glücklicherer Mensch.

Die Bibel ist voll von Geschichten, die das einschärfen. Im Gleichnis von den Arbeitern im Weinberg (Mt 20,1–16), das Jesus erzählt, bekommen diejenigen Tagelöhner, die erst gegen Ende des Tages endlich Arbeit bekommen haben, am Ende genauso den vollen Tagelohn wie die, die am Morgen schon gearbeitet haben. Letztere fühlen sich ungerecht behandelt und protestieren bei der Auszahlung des Lohns. Sie machen den Wert ihres Lohns allein am Vergleich mit den anderen fest. Aber der Herr des Weinbergs sagt: „Siehst du darum scheel, weil ich so gütig bin?"

Geradezu archetypisch ist auch die Geschichte vom verlorenen Sohn und dessen Bruder, der sich im Blick auf die Liebe des Vaters zurückgesetzt fühlt (Lk 15,11–32). Nachdem der Sohn sich das Erbe hat auszahlen lassen und es verprasst hat, kommt er voller Zerknirschung zurück nach

Hause. Und anstatt einer Moralpredigt oder einer Strafaktion empfängt ihn der Vater mit offenen Armen. Der Sohn sagt: „Vater, ich habe gesündigt gegen den Himmel und vor dir; ich bin hinfort nicht mehr wert, dass ich dein Sohn heiße." Aber der Vater bereitet ihm sogar aus Freude ein Festmahl zu.

Aber der ältere Sohn ist frustriert und fühlt sich zurückgesetzt. „Siehe", so sagt er, „so viele Jahre diene ich dir und habe dein Gebot nie übertreten, und du hast mir nie einen Bock gegeben, dass ich mit meinen Freunden fröhlich wäre. Nun aber, da dieser dein Sohn gekommen ist, der dein Hab und Gut mit Huren verprasst hat, hast du ihm das gemästete Kalb geschlachtet". Der Vater sagt: „Mein Sohn, du bist allezeit bei mir und alles, was mein ist, das ist dein. Du solltest aber fröhlich und guten Mutes sein; denn dieser dein Bruder war tot und ist wieder lebendig geworden, er war verloren und ist wiedergefunden."

Die Geschichte ist auch deswegen so bekannt geworden, weil wir alle Alltagserfahrungen kennen, bei denen wir auf der einen oder anderen Seite stehen. Wir kennen das wunderbare Gefühl, trotz unserer Fehler angenommen zu werden, auf Barmherzigkeit zu stoßen, ohne Bedingungen geliebt zu werden. Und wir kennen das Gefühl, nicht gesehen zu werden, wie der ältere Bruder, zu kurz zu kommen, in unserem Einsatz nicht gewürdigt zu werden. Und vielleicht kennen wir auch die Überwindung dieses Gefühls: Es ist genug Liebe für alle da. Dass ein anderer gesehen, geliebt, gewürdigt wird, nimmt nichts weg davon, dass ich auch selbst gesehen, geliebt und gewürdigt werde. Liebe gehört zu den Dingen, die nicht kleiner werden, wenn man sie teilt, sondern größer. Deswegen ist am Ende nicht nur die Erfahrung des jüngeren Sohnes eine Glückserfahrung, sondern auch die mögliche Erfahrung des älteren Sohnes. Wir wissen nicht, wie er auf den Vater reagiert hat. Aber wenn er die Kraft aufgebracht hat, seine Enttäuschung zu überwinden und sich mitzufreuen an der unversehrten Rückkehr seines Bruders, war er sicher ein glücklicherer Mensch als vorher.

Das Beispiel der Geschichte vom verlorenen Sohn zeigt: Es ist nicht zu gewagt, den modernen Menschen von heute die Bibel als eine Schule des Glücks anzuempfehlen. Wer sein Gefühl, zu kurz zu kommen, überwindet und den anderen einfach gönnt, dass es ihnen gut geht, der wird am Ende selbst zu den Glücklichen gehören.

Nächstenliebe

„Stärken Sie Ihre sozialen Beziehungen. Wir sind soziale Wesen und daher auf andere Menschen angewiesen …"

Immer wieder wird die Nächstenliebe als Ausdruck von „Gutmenschentum" diskreditiert, als christliche Spezialethik verortet oder als religiöse

Gefühlsduselei abgewertet. Die Glücksforschung zeigt, dass ohne die darin zum Ausdruck kommende Beziehungsfähigkeit ein wirklich glückliches Leben nicht möglich ist. Deswegen ist das, was dieses große Wort „Liebe" bezeichnet, so zentral für ein erfülltes menschliches Leben. Schon die griechische Philosophie hat unterschiedliche Formen von Liebe unterschieden, die alle in je unterschiedlicher Weise Bedeutung für das menschliche Beziehungsleben haben. Der „Eros" ist ein Gefühl der Liebe, durch das sich zwei Menschen spontan körperlich, aber auch geistig voneinander angezogen fühlen, ja immer wieder symbiotisch miteinander verschmelzen. Die „philia" ist die Freundschaft, bei der Menschen gemeinsame Werte und Interessen miteinander teilen und darauf eine verlässliche, immer tiefer werdende Beziehung gründen. Die „Agape" schließlich ist eine Liebe, die nicht konstitutiv auf bestimmte persönliche Verbundenheitsgefühle aufgrund einer gemeinsamen Geschichte oder gemeinsamen Interessen gegründet ist, sondern dem anderen Menschen einfach gilt, weil er Mensch ist. Im äußersten Fall gilt sie selbst dem Menschen, der mir als Feind gegenübertritt.

Die drei Formen der Liebe dürfen nicht gegeneinander ausgespielt werden. Auch in der Bibel spielen sie alle eine Rolle. Die beiden ersten Formen, der Eros und die Philia sind eingebettet in die Agape, die in der Verkündigung Jesu eine zentrale Rolle spielt, gipfeln im „Doppelgebot" der Liebe, das man auch als „Dreifachgebot" bezeichnen kann: „Du sollst den Herrn, deinen Gott, lieben von ganzem Herzen, von ganzer Seele und mit all deiner Kraft und deinem ganzen Gemüt, und deinen Nächsten wie dich selbst" (Lk 10,27). Gottesliebe, Selbstliebe und Nächstenliebe sind nicht voneinander zu trennen. Für mich ist das eine faszinierende Perspektive: sich zutiefst angenommen und aufgehoben fühlen zu können in dem Gott, der mir das Leben gegeben hat, in einer Kraft, die größer

ist als alles, was mein Verstand erfassen kann,

und zugleich mich selbst und meinen Nächsten annehmen zu können.

Wie sehr Jesus dieses Dreifachgebot selbst als die Zusammenfassung aller guten Orientierungen für das Leben sieht, zeigt sich in dem Zusatz, der dem Gebot in der matthäischen Fassung folgt: „In diesen beiden Geboten hängt das ganze Gesetz und die Propheten" (Mt 22,40), sagt er. Erstaunlicherweise finden wir die Formel fast wortgleich auch am Ende der Goldenen Regel aus der Bergpredigt Jesu: „Alles nun, was ihr wollt, dass euch die Leute tun sollen, das tut ihr ihnen auch! Das ist das Gesetz und die Propheten" (Mt 7,12). Dass die für alle einsichtige Goldene Regel hier so eng mit dem Liebesgebot verknüpft wird, zeigt sehr deutlich, dass es beim Liebesgebot nicht um eine unerfüllbare Zumutung geht, sondern um etwas, was eigentlich jedem einleuchtet.

Dass eine liebende Grundhaltung keineswegs im Widerspruch zu einer vernünftigen Lebensorientierung steht, gilt sogar dann, wenn wir ihre Radikalisierung durch Jesus in den Blick nehmen, wie sie uns im Feindesliebegebot in der Bergpredigt bzw. der Feldrede Jesu vor Augen tritt. Hier wird die Radikalität dieser Liebe besonders deutlich: „Liebt eure Feinde; tut wohl denen, die euch hassen; segnet, die euch verfluchen; bittet für die, die euch beleidigen. Und wer dich auf die eine Backe schlägt, dem biete die andere auch dar; und wer dir den Mantel nimmt, dem verweigere auch den Rock nicht. Wer dich bittet, dem gib; und wer dir das Deine nimmt, von dem fordere es nicht zurück. Und wie ihr wollt, dass euch die Leute tun sollen, so tut ihnen auch! (Lk 6,27–31).

Das ist bemerkenswert. Denn es heißt, dass die Liebe, sogar die gegenüber den Feinden, als Grundorientierung unseres Lebens so plausibel ist wie die Goldene Regel selbst. Sie ist nicht eine am Ende doch weltfremde Sonderethik für ein paar moralische Champions, sondern etwas, was jedem Menschen einsichtig gemacht werden kann. Als Zielperspektive für das menschliche Zusammenleben ist sie eine unschlagbar verheißungsvolle Aussicht. Dass wir daran immer wieder scheitern, ist ja kein Argument dagegen, sich immer wieder von neuem daraufhin auszurichten.

So ist es kein Zufall, dass der Glücksforscher Karl Heinz Ruckriegel in einem Buch über „Gesundes Führen mit Erkenntnissen der Glücksforschung" ausdrücklich das Liebesgebot und die Goldene Regel Jesu als gute Grundlage für gelingende soziale Beziehungen hervorhebt.[2] Wie attraktiv das bei dem Bemühen des modernen Menschen ist, auf der Suche nach dem Glück fündig zu werden, ist hoffentlich deutlich geworden.

„Macht helfen glücklich?" – so lautete der Titel eines Themenheftes der „Evangelischen Theologie", einer wissenschaftlichen-theologischen Zeitschrift, Ende 2021. Wer die zahlreichen Beiträge in dem Themenheft liest, wird zu dem

Ergebnis kommen, dass Helfen und die darin zum Ausdruck kommende Nächstenliebe zwar keinen Glücksautomatismus in sich trägt, aber eine starke Basis für ein glückliches und erfülltes Leben ist.

Und unsere Alltagserfahrungen bestätigen es ja. Wer einem alten Menschen über eine stark befahrene Straße hilft, fühlt sich danach nicht schlechter, sondern besser. Es ist ein Glück zu wissen, dass man im Leben eines anderen Menschen einen Unterschied gemacht hat – und zwar einen positiven. Nur so ist auch der riesengroße Einsatz zu erklären, den so viele Menschen in Europa gezeigt haben, als es nach dem russischen Angriff auf die Ukraine innerhalb weniger Tage Millionen von Flüchtlingen aufzunehmen galt. Sie alle haben erfahren: Das Glück wird, wie die Liebe, größer, wenn man es teilt.

Vergebungsbereitschaft

„Lernen Sie zu vergeben, das schwächt negative Emotionen."

Ohne dabei das Ziel der „Schwächung negativer Emotionen" zu verfolgen, beten viele Hunderttausend Menschen in Deutschland und viele Hundert Millionen weltweit jeden Sonntag im Gottesdienst und weit darüber hinaus im Alltag jenen gewichtigen Satz im Vaterunser: „Vergib uns unsere Schuld, wie auch wir vergeben unseren Schuldigern". Es gibt wohl keine kraftvollere Form, die Erkenntnisse der Glücksforschung aufzunehmen und in den Alltag zu integrieren, als das regelmäßige ernsthafte Beten dieser Bitte.

Besonders eindrücklich veranschaulicht Jesus das, worum es geht, mit dem Gleichnis vom Schalksknecht (Mt 18,23–34). Er erzählt darin von einem König, der mit seinen Knechten abrechnen will. Einer von ihnen schuldet ihm

69

zehntausend Zentner Silber und kann sie nicht bezahlen. Der Knecht fällt nieder und fleht ihn um Erbarmen an. Und der Herr hat Erbarmen und erlässt ihm die Schulden. Als der Knecht nun seinerseits einen Mitknecht trifft, der ihm hundert Silbergroschen schuldet, ein Bruchteil seiner eigenen Schulden gegenüber dem Herrn, bleibt er hart. Er packt und würgt ihn und sagt: Bezahle, was du schuldig bist! Ungerührt von all seinem Flehen um Erbarmen wirft er ihn ins Gefängnis, bis er bezahlt habe, was er schuldig ist. Der Zorn des Herrn, als er davon erfährt, zeigt: Wer selbst auf Vergebung angewiesen ist, von dem darf auch die Bereitschaft zur Vergebung gegenüber anderen erwartet werden.

Was wäre, wenn sich diese Einsicht ausbreiten würde? Wie würde sich unser Leben verändern, wie viele Ehen und Beziehungen würden noch bestehen, welch kraftvolle Erneuerung des gesellschaftlichen und auch des politischen Klimas würden wir erleben, wenn das ernsthafte

Beten dieser Bitte der Normalfall wäre: „Vergib uns unsere Schuld, wie auch wir vergeben unseren Schuldigern." Ich habe nicht den geringsten Zweifel daran, dass es ein glücklicheres, ein erfüllteres Leben wäre. Was Jesus in das Schalksknechtsgleichnis kleidet, ist eine Erfahrung, die wir auch jenseits aller religiösen Kontexte machen können: Wer selbst die Kraft zur Vergebung aufbringt, darf auch auf die Vergebung der anderen hoffen, so wenig ein direkter Zusammenhang zwischen beidem herzustellen ist. Religiöse Quellen wie das Beten der Vergebungsbitte im Vaterunser können helfen, Vergebungsbereitschaft als Haltung zu entwickeln, die sich unabhängig von Reziprozitätserwartungen macht.

Leben in der Gegenwart statt Sorge um die Zukunft

„Leben Sie im Hier und Jetzt. Genuss und Flow schaffen Wohlbefinden, genießen Sie die Freuden 71

des Lebens. Ständig daran zu denken, was morgen anders sein könnte, fördert das Glücklichsein nicht, sondern vermiest uns das Heute."

Manchmal verpassen wir die Gegenwart, weil wir immer nur an die Zukunft denken. Ich habe mir deswegen angewöhnt, bewusst Stopp zu sagen, wenn das bei mir der Fall ist. Zum Beispiel beim Fotografieren. Ich liebe Kraniche. Und wenn ich an meinem Urlaubsort in Mecklenburg plötzlich über mir welche fliegen sehe, reiße ich oft schnell das Handy raus, schalte es an, indem ich das Kennwort eingebe, drücke hektisch auf den Video-Button und halte auf die Kraniche über mir. Nur sind sie dann meistens schon weit weg, wenn sie überhaupt noch zu sehen sind. Ich will den Moment festhalten, mit dem Ergebnis, dass ich ihn verpasse.

Inzwischen mache ich es anders: Ich halte inne. Ich höre hin auf den Flügelschlag und schaue auf die majestätischen Flügelbewegungen und staune über diese Anmutung von Freiheit, Ganzheitlichkeit und Schönheit. Meine Seele speichert den Moment und ich mache die Erfahrung, dass das tiefer geht und nachhaltiger ist als das Speichern auf der Handykarte.

Was für die schönen Momente des Lebens gilt, gilt erst recht für die Sorgen, die wir uns um die Zukunft machen. Es kann schnell eine Eigendynamik entwickeln, wenn wir uns ausmalen, was alles an Negativem passieren könnte. Besonders, wenn die Nachtdämonen kommen und uns weismachen wollen, dass alles schieflaufen wird. Werde ich mich bei einem wichtigen Termin blamieren? Werde ich die Prüfung schaffen? Werde ich meine Beziehung halten können? Wird das Geld reichen? Und wie wird die Welt sich entwickeln? Wird der Klimawandel noch zu stoppen sein? Wird es vielleicht bei uns Krieg geben?

Wache Wahrnehmung zukünftiger Gefahren und Herausforderungen und gute Planung und

Vorsorge, um ihnen zu begegnen, sind nichts Schlechtes. Im Gegenteil: Sie können viel zukünftiges Leid verhindern. Und trotzdem – darauf weist die Glücksforschung zurecht hin – ist die Sorge als Grundhaltung lebenshemmend. Wenn die Sorge alles bestimmt und die Zuversicht erdrückt, verschwindet nicht nur Grundvertrauen und Lebensfreude, sondern auch der notwendige nüchterne Blick auf die Wirklichkeit, der allein gute Zukunftsentscheidungen ermöglicht.

Deswegen ist Religion als Quelle für eine von Vertrauen geprägte Grundhaltung so hilfreich. Wer sich in Gottes Hand gehalten weiß, muss nicht mehr aus der Sorge leben. „Der Herr ist mein Hirte, mir wird nichts mangeln …" Wenn ich nachts aufwache und mich die Sorge zu erfassen droht, dann bete ich diese Worte aus Psalm 23: „Und ob ich schon wanderte im finstern Tal, fürchte ich kein Unglück. Denn Du bist bei mir, Dein Stecken und Stab trösten mich." Manchmal muss man diese Worte immer wieder wiederholen, sie meditieren, sie einatmen, damit sie die Seele wirklich erreichen.

Jesus hat diese Grundhaltung gelebt und sie ausgestrahlt. Nirgendwo kommt das so inspirierend zum Ausdruck wie in Worten aus der Bergpredigt, die Menschen weit über den Horizont gläubiger Christen hinaus berührt haben und so ein Stück Weltliteratur geworden sind: „Sorgt nicht um euer Leben, was ihr essen und trinken werdet; auch nicht um euren Leib, was ihr anziehen werdet. Ist nicht das Leben mehr als die Nahrung und der Leib mehr als die Kleidung? Seht die Vögel unter dem Himmel an: sie säen nicht, sie ernten nicht, sie sammeln nicht in die Scheunen; und euer himmlischer Vater ernährt sie doch. Seid ihr denn nicht viel mehr als sie? … Trachtet zuerst nach dem Reich Gottes und nach seiner Gerechtigkeit, so wird euch das alles zufallen. Darum sorgt nicht für morgen, denn der morgige Tag wird für das Seine sorgen" (Mt 6,25f.33f).

In der Corona-Pandemie haben einige Menschen solche Sätze als Begründung für die Ablehnung des Impfens herangezogen. Schlimmer könnte man sie nicht missverstehen. Denn Jesus plädiert hier nicht für Leichtsinn, erst recht nicht einen Leichtsinn, der nicht nur sich selbst, sondern auch andere gefährdet, sondern für ein Leben aus dem Vertrauen und der Zuversicht. Vertrauen in Gott aber schließt menschliches Handeln ein. Gott wirkt nicht magisch gegen ein Virus, sondern gibt Wissenschaftlerinnen gute Gedanken zur Entwicklung von Impfstoffen und Ärzten die medizinische Fertigkeit, um Leben zu retten.

Aus dem Vertrauen statt aus der Sorge zu leben, heißt darauf zu vertrauen, dass wir medizinische und soziale Wege finden werden, um mit der Pandemie umzugehen, und dass wir die Kraft bekommen werden, um trotz aller Rückschläge die notwendige Resilienz im Umgang damit zu bewahren.

Sorge für Leib und Seele

„Kümmern Sie sich um Leib und Seele. Sport für den Körper, das bringt unmittelbar Wohlbefinden, und die Beschäftigung mit etwas Transzendenten, mit etwas, das über unser Ich hinausgeht, bringt Sinn und Tiefe in unser Leben."

Dass die Glücksforschung den Sport ins Spiel bringt, ist nicht überraschend. Bemerkenswert aber ist die Tatsache, dass hier die Religion explizit als Glücksquelle ins Spiel kommt. Der Glücksforscher Karl-Heinz Ruckriegel, von dem die hier aufgenommenen sieben Ratschläge stammen, hat die Bedeutung von Religion für das Glück immer wieder unterstrichen. „Das, was die Glücksforschung den Einzelnen für ein gelingendes Leben empfiehlt", „entspricht im Großen und Ganzen auch den christlichen Überlieferungen für ein gelingendes Leben, also der vom Christsein geprägten inneren Haltung. Christsein ist somit ein guter Kompass für ein gelingendes Leben".[3] 77

Er greift deswegen den Aufruf zu einer „missionarischen Offensive ganz neuer Art" auf und empfiehlt den Kirchen ein Umdenken: „Kirche muss für den Menschen da sein, nicht für sich selbst."[4]

Ich sehe darin eine Ermutigung für die kirchlichen Reformprozesse, zu denen wir uns vor Jahren aufgemacht haben und die mitten im Gange sind. In unserem bayerischen Zukunftsprozess „Profil und Konzentration" etwa geht es genau darum, die Fixierung auf die gewachsenen institutionellen Strukturen zu überwinden und in den jeweiligen Räumen vor Ort jeweils herauszufinden, was die Menschen dort brauchen und dann die Institution Kirche im Lichte ihres Auftrags darauf auszurichten. Nicht: „Was haben wir anzubieten?" ist die Frage, sondern: „Wie können wir den Menschen auf der Suche nach einem gelingenden Leben hilfreich sein?"

„Sinn und Tiefe in unser Leben bringen" – wer, wenn nicht die Kirchen, sollte dazu in der Lage sein? An der Botschaft, die die Kirchen weiterzugeben haben, liegt es nicht. Die Botschaft von der Liebe Gottes, die allen Menschen gilt und alle Menschen inspirieren will, einander zu lieben, könnte nicht stärker sein. Aber als Botschafter*innen müssen wir in den Kirchen noch stärker werden.

Für mich ist es dabei eine riesengroße Ermutigung, zu sehen, wie viele Inhalte der Glücksforschung genau mit den Kernthemen der Bibel zusammentreffen. Die Konsequenz muss es sein, dass wir als Grundlage aller Bemühungen um die institutionelle und strukturelle Reform der Kirche zuallererst selbst unsere geistlichen Schätze neu entdecken.

Eines der Themen, deren Beziehung zum Glück besonders alltagsrelevant ist, ist das Geld. Dass es zugleich ein zentrales Thema der Bibel ist, ist kein Zufall.

glück
und
geld

Macht Geld glücklich? Auf diese Frage antwortete der amerikanische Schauspieler Danny Kaye einmal: „Geld allein macht nicht glücklich. Es gehören auch noch Aktien, Gold und Grundstücke dazu!" Der Sarkasmus unterstreicht die Absurdität einer Haltung, die allein an materieller Optimierung orientiert ist. Die Kritik an einer solchen Haltung findet sich auch an markanten Stellen der Bibel.

Viele Passagen in der Bibel, insbesondere in der Verkündigung Jesu, offenbaren eine große Distanz zu materiellem Reichtum. Am eindrucksvollsten ist die Passage aus der Bergpredigt Jesu, die der Evangelist Matthäus berichtet. Jesu stellt hier das Streben nach Geld („Mammon") in scharfen Gegensatz zum Glauben an Gott:

„Ihr sollt euch nicht Schätze sammeln auf Erden, wo Motten und Rost sie fressen und wo Diebe einbrechen und stehlen. Sammelt euch aber Schätze im Himmel, wo weder Motten noch Rost sie fressen und wo Diebe nicht einbrechen und stehlen. Denn wo dein Schatz ist, da ist auch dein Herz … Niemand kann zwei Herren dienen: Entweder er wird den einen hassen und den andern lieben, oder er wird an dem einen hängen und den andern verachten. Ihr könnt nicht Gott dienen und dem Mammon" (Mt 6,19–21.24).

Und der Evangelist Lukas berichtet von einem ausdrücklichen Weheruf Jesu an die Reichen:

„Weh euch Reichen; denn ihr habt euren Trost schon gehabt. Weh euch, die ihr jetzt satt seid; denn ihr werdet hungern" (Lk 6,24f).

Der kritischen Ansage an die Reichen entspricht eine ausgesprochen stärkende Zusage an die Armen in den Seligpreisungen Jesu: „Selig seid ihr Armen; denn das Reich Gottes ist euer" (Lk 6,20).

Wie ist das zu verstehen? Verdammt Jesus die
Reichen? Und macht er Armut zum Programm,

indem er die Armen als solche seligpreist – oder in anderer Übersetzung: „glücklichpreist"? Macht also Geld nicht nur nicht glücklich, sondern sogar richtiggehend unglücklich?

Es lohnt sich, etwas genauer hinzuschauen. So emotional die Antworten auf die Frage, ob Geld glücklich macht, oft sind, so wenig pauschal lässt sich diese Frage beantworten. Ein Mensch, der sein auf Kredit gebautes Haus wegen plötzlicher Arbeitslosigkeit zu verlieren droht, weil er die Raten nicht mehr bezahlen kann und die Bank kein Geld mehr gibt, wird die Frage mit einem klaren Ja beantworten. Für ihn können die nicht mehr zu tilgenden Schulden einen Absturz bedeuten, den mit irgendwelchen romantischen Worten über den Wert der Armut zu beschönigen geradezu zynisch wäre. Dass Armut als solche glücklich mache wird in der Regel nur von Leuten verbreitet, die unfreiwillige Armut nie selbst kennengelernt haben.

Aber auch jenseits solcher persönlichen Notsituationen kann Geld sehr wohl zu einem glücklichen Leben beitragen. So mancher jedenfalls, der die Frage, ob Geld glücklich macht, mit einem klaren Nein beantwortet, wird vielleicht nach einem Moment des Innehaltens noch einmal nachdenklicher. Ein Riesenvermögen auf dem Konto zu haben, sich vielleicht alles leisten zu können, was man sich wünschen kann, im Hotel die teuerste Suite mieten zu können – dass das nicht glücklich macht, jedenfalls nie der entscheidende Faktor dafür sein kann, darüber ist schnell Einigkeit zu erzielen. Und die Geschichten in den Illustrierten über das Unglück der Reichen und Schönen sind vielleicht gerade deswegen so erfolgreich, weil sie die, die ein solches Leben nicht führen können, immer wieder daran erinnern, dass Geld allein nicht glücklich macht.

Bei anderen Möglichkeiten, die ein gut gefülltes Bankkonto eröffnet, ist das schon anders. Die Möglichkeit, fair und ökologisch einzukaufen, das Haus mit dem naturbelassenen Garten in schöner Wohnlage, das gut gefüllte Bücherregal mit den neuesten Veröffentlichungen zu allerlei zukunftsrelevanten Themen, die Möglichkeit weltweiten Reisens, ein Kennenlernen fremder Kulturen, das den Horizont ungeheuer erweitert – wer sich all solche Dinge leisten kann, ist bestimmt nicht arm.

Und trotzdem mag er oder sie selbst sich subjektiv auch nicht als reich empfinden, obwohl der größte Teil der Weltbevölkerung das wahrscheinlich genau so sehen würde. Das zeigt: Reichtum ist ebenso wie Armut ein relativer Begriff. Und ebenso wie bei der Armut reden die Betroffenen nicht gerne darüber. Es gibt nicht nur die „verschämte Armut". Es gibt auch den „verschämten Reichtum". Besonders wenn jemand „unverschämt reich" ist.

Dass versucht wird, über das Thema Reichtum den Mantel des Schweigens zu breiten, ist kein schlechtes Zeichen. Zu anderen Zeiten und an anderen Orten hatte man da weniger Probleme. Im Amerika der 1980er-Jahre, in der Zeit der Präsidentschaft Ronald Reagans gehörte die Zurschaustellung von Reichtum fast schon zum guten Ton – eine säkularisierte Form des Glaubens an den Reichtum als Zeichen der Erwählung Gottes.

Zumeist aber dominiert heute die Scheu, über den eigenen Reichtum zu reden. Und in gewisser Hinsicht verbirgt sich dahinter etwas moralisch Wichtiges. Denn darin kommt ja jedenfalls ein Gespür für die Schattenseite dieses Reichtums zum Ausdruck. Wer selbst eigentlich weiß, dass er materiell reich ist und nicht gerne darüber redet, spürt, dass er oder sie anderen etwas schuldig bleibt.

Aus biblischer Sicht ist das eine durch und durch gesunde Intuition. Nicht der Reichtum als solcher ist das Problem, sondern dass die einen damit gesegnet sind und die anderen nicht. Reichtum macht nicht glücklich, aber Armut eben auch nicht. Eine Romantisierung der Armut, wie sie in mancher Kritik am Reichtum mitschwingt, ist den biblischen Traditionen insgesamt fremd. Besonders im Alten Testament gilt Reichtum als Bestandteil eines glücklichen Lebens. „Der eine stirbt frisch und gesund in allem Reichtum und voller Genüge …" – sagt Hiob – „der andere aber stirbt mit verbitterter Seele und hat nie vom Glück gekostet" (Hiob 21,23.25).

Dass im Neuen Testament so oft von den Gefahren des Reichtums die Rede ist, heißt noch lange nicht, dass die Armut heiliggesprochen wird. Der reiche Mann und der arme Lazarus (Lk 16,19–31) hätten gemeinsam ein schönes Leben haben können. Von allem hätten sie genug gehabt. Sie hätten gemeinsam feiern und Freunde werden können. Stattdessen lässt der Reiche den armen Lazarus mit seinen Geschwüren vor der Tür liegen und endet in der Hölle. Nicht sein Reichsein wird ihm zum Verhängnis, sondern die Gleichgültigkeit gegenüber seinem Nächsten. So sehr hängt sein Herz am Reichtum, dass er Gott und seinen Mitmenschen vergisst. Lazarus dagegen kommt in den Himmel. Aber auch bei ihm ist es nicht das Armsein, das ihm eine Engelseskorte direkt in Abrahams Schoß verschafft, sondern es ist Gottes ausgleichende Gerechtigkeit. Gott ist nicht deswegen ein Freund der Armen, weil er die Armut liebt, sondern weil er die Gerechtigkeit liebt.

Es ist nicht Sauertöpfigkeit oder irgendeine Neigung zu Neiddebatten, wenn die Kirchen sich wieder und wieder zum Anwalt der sozialen Gerechtigkeit machen. Es ist vielmehr ein tiefes Wissen um den Reichtum einer Gemeinschaft, die auf Solidarität gegründet ist. Kein Lottogewinn kommt an sie ran. Eher geht ein Kamel durchs Nadelöhr, als dass ein Reicher ins Reich Gottes kommt, sagt Jesus (Mk 10,17–27). Was aber, wenn er seinen Reichtum mit anderen teilt, sich mit ihnen daran freut und die Erfahrung neuer Gemeinschaft macht? Dann kommt das Reich Gottes zu ihm.

Was Jesus in seine Verkündigung aufgenommen hat, wovon er geprägt ist, ist das, was die lateinamerikanische Befreiungstheologie als die „vorrangige Option für die Armen" bezeichnet hat. Sie findet sich in ganz unterschiedlichen Traditionen der Bibel immer wieder. „Hat dein Vater nicht auch gegessen und getrunken" – hält der Prophet Jeremia dem König entgegen – „und hielt dennoch auf Recht und Gerechtigkeit, und es ging ihm gut? Er half dem Elenden und Armen zum Recht, und es ging ihm gut. Heißt dies nicht, mich recht zu erkennen? spricht der Herr" (Jer 22,15f). Solidarität mit den Armen ist nicht Verzicht, nicht Opfer, nicht Verlust, sondern Gewinn, Lebensqualität und Glücksquelle.

„Brich dem Hungrigen dein Brot", sagt der Prophet Jesaja, „und die im Elend ohne Obdach sind, führe ins Haus! … Dann wird dein Licht hervorbrechen wie die Morgenröte, und deine Heilung wird schnell voranschreiten, und deine Gerechtigkeit wird vor dir hergehen, und die Herrlichkeit des Herrn wird deinen Zug beschließen" (Jes 58,7–8). Und dann wird die Solidarität als eine beständige Kraftquelle für ein gutes Leben beschrieben: „… der Herr wird dich immerdar führen und dich sättigen in der Dürre und dein Gebein stärken. Und du wirst sein wie ein bewässerter Garten und wie eine Wasserquelle, der es nie an Wasser fehlt" (Jes 58,11).

Für mich sind diese Worte des Jesaja immer wieder von Neuem faszinierend. Und das vor allem deswegen, weil sie aufräumen mit der einseitigen Sicht der Solidarität und des Teilens als Verzicht und Opfer. In dieser einseitigen Sicht kommt der Gewinn, den Menschen daraus ziehen, überhaupt nicht vor. Wie viele Menschen gibt es eigentlich, die am Abend eine namhafte Überweisung für „Brot für die Welt" ausfüllen und abschicken und sich am nächsten Morgen darüber ärgern, dass sie so großzügig waren? In Wirklichkeit ist es doch genau umgekehrt! Wir fühlen uns besser, wenn wir nicht gegen die anderen Menschen leben, sondern mit ihnen, und deswegen Mitgefühl mit denen empfinden, die in Not sind. Wir fühlen uns mehr eins mit uns selbst, und wenn wir gläubig sind, dann auch mit Gott, wenn wir teilen. Ja, wir fühlen sie, die Morgenröte und die Heilung, von der Jesaja spricht.

Die Leidenschaft für soziale Gerechtigkeit, die in den Texten der Bibel immer wieder zum Ausdruck kommt, hat gerade bei denen in der Geschichte der Kirche, die sich ganz besonders von der Bibel haben inspirieren lassen, entsprechende Spuren hinterlassen.

Ganz sicher gilt das für Martin Luther. Angesichts der destruktiven Wirkung von extremer wirtschaftlicher Ungleichheit und der damit verbundenen sozialen Ungerechtigkeit hat er schon im

16. Jahrhundert in verschiedenen Schriften bei-
ßende Kritik an der neuen Wirtschaftsform des
Kapitalismus geübt. In der Schrift „Von Kaufs-
handlung und Wucher" von 1524 nimmt er auch
unverhältnismäßige Einkommen aufs Korn. Mit
Blick auf die in kürzester Zeit zu Reichtum ge-
kommenen Unternehmer des Frühkapitalismus
stellt er fest: „Wie sollt das immer mögen gött-
lich und recht zugehen, dass ein Mann in so kur-
zer Zeit so reich werde, dass er Könige und Kaiser
aufkaufen möchte?"

In der gleichen Schrift nimmt er die engen Beziehungen der Fürsten zu den Handelsgesellschaf-
ten in den Blick und findet scharfe Worte für den
Missbrauch wirtschaftlicher Macht: „Könige und
Fürsten sollten hier drein sehen und dem nach
strengem Recht wehren. Aber ich höre, sie haben Anteil daran und es geht nach dem Spruch
Jes 1,23: ,Deine Fürsten sind der Diebe Gesellen
geworden.' Dieweil lassen sie Diebe hängen,
die einen Gulden oder einen halben gestohlen

haben, und machen Geschäfte mit denen, die alle Welt berauben und mehr stehlen, als alle anderen, damit ja das Sprichwort wahr bleibe: Große Diebe hängen die kleinen Diebe, und wie der römische Ratsherr Cato sprach: Kleine Diebe liegen im (Schuld)turm und Stock, aber öffentliche Diebe gehen in Gold und Seide."

Auch Luthers engster Mitreformator Philipp Melanchthon, der als moderater und an Vermittlung orientierter Mitstreiter Luthers gilt, weist mit höchst modernen Worten auf die destruktive Wirkung von großer Ungleichheit für den sozialen Zusammenhalt hin: „Die Zivilgesellschaft hat keinen Bestand, wenn es in Fragen des gesellschaftlichen Austauschs keinen gerechten Ausgleich gibt. Ist nämlich einer der am gesellschaftlichen Austausch beteiligten Partner erschöpft, muss die Gesellschaft zusammenbrechen."

Was Melanchthon auf unverhältnismäßigen Zins bezieht, ist hochrelevant für heutige Diskussionen um das Gerechtigkeitsgleichgewicht unserer Gesellschaften und für das gesellschaftliche Glück.

In der Bibel und in der Folge auch in der Geschichte der Kirche – so haben wir jetzt gesehen – spielt die „vorrangige Option für die Armen" eine besondere Rolle, wenn es um den Umgang mit materiellen Ressourcen geht. Aber leuchtet sie auch Menschen ein, die sich bei ihrem Verständnis von Gerechtigkeit nicht zuallererst von der Bibel, sondern zunächst einfach von ihrem gesunden Menschenverstand leiten lassen?

Der amerikanische Philosoph John Rawls hat mit dem Mittel des Gedankenexperiments eine höchst plausible Antwort darauf gegeben. Stellen wir uns vor, wir säßen jetzt zusammen und würden darüber beraten, wie wir in einem Staatswesen, das wir uns in der Zukunft vorstellen, Macht, Einkommen und Wohlstand unter uns verteilen wollten. Wir kennen uns gut aus mit den Dingen des Lebens, wir wissen etwas über Wirtschaft, wir wissen etwas über die üblichen Gewohnheiten und Verhaltensweisen der Menschen. Eines aber wissen wir nicht: Wir wissen nicht, welche Rolle wir in diesem Staatswesen einmal genau haben werden. Wir stehen unter einem „Schleier des Nichtwissens", der uns für die Zeit der Beratung das Wissen darüber verdunkelt hat, ob wir ein Fabrikbesitzer sind oder ob wir zu den Menschen gehören, die ohne Obdach sind oder keine Arbeit haben. Wir wissen also nicht, ob wir uns nach der Beratung, wenn der Schleier gelüftet wird, als einer der Wohlhabenden entpuppen oder als einer der Ärmsten. Welche Regeln für die Gesellschaft würden wir uns unter diesen Umständen – Rawls nennt sie „Urzustand" – ausdenken?

Die Antwort, die Rawls gibt, ist folgende: Die Menschen würden sich für zwei Gerechtigkeitsgrundsätze entscheiden. Der erste Grundsatz ist der Grundsatz der gleichen Freiheiten. Es leuchtet ein, dass die Menschen im Urzustand etwa die Religionsfreiheit vorsehen würden. Denn die Aussicht, als Angehöriger einer bestimmten Religion aushalten zu müssen, dass Menschen mit abweichenden religiösen Überzeugungen nach der Lüftung des Schleiers des Nichtwissens ihre Religion ebenfalls leben können, ist weitaus unproblematischer als die Aussicht, selbst einer Minderheitenreligion anzugehören und sie nicht leben zu dürfen. Religiöse Überzeugungen sind etwas Existenzielles. Insofern würden die Menschen im Urzustand sicherstellen wollen, dass sie ausgelebt werden können. Deswegen würden sie den Grundsatz der gleichen Freiheiten wählen.

Als zweites Prinzip würden sie – so Rawls – das „Unterschiedsprinzip" wählen: Es besagt, dass Ungleichheiten in Macht und Wohlstand nur insoweit legitim sind, als die schwächsten Glieder die größtmöglichen Vorteile davon haben. Der Grund ist ein ganz einfacher: Alle, die da unter dem Schleier des Nichtwissens zur Beratung zusammensitzen, wissen, dass sie sich möglicherweise als Obdachlose oder in anderer Form Arme entpuppen könnten, wenn sich der Schleier lüftet. Da dies eine ziemlich unangenehme Vorstellung ist, werden sie versuchen, die Regeln so zu gestalten, dass sie für diesen schlimmsten Fall ihre Situation soweit wie möglich verbessern können, z. B. indem sie Arbeitsbeschaffungsprogramme für Arbeitslose ins Leben rufen, die aus der Besteuerung der Besserverdienenden bezahlt werden. Es könnte natürlich auch sein, dass sie sich als materiell besonders reich Gesegnete entpuppen und nun höhere Steuern hinnehmen müssen. Die Aussicht, als Reicher höhere Steuern hinnehmen zu müssen, ist aber ohne Zweifel weniger schlimm als umgekehrt die Aussicht, als Arbeitsloser seinem Schicksal überlassen zu werden oder als Obdachloser unter Brücken übernachten zu müssen. Unter Abwägung der verschiedenen Möglichkeiten ist es das Vernünftigste, die denkbar schlechteste Situation so weit wie möglich zu verbessern.

Die Menschen in dem hypothetischen Urzustand würden sich also allein aufgrund ihres gesunden Menschenverstandes dafür entscheiden, die Gerechtigkeitsregeln in dem Staatswesen, das sie entwerfen, so zu gestalten, dass sie gleiche Freiheiten genießen und die Ungleichheit auf ein Maß begrenzt wird, das auch den Schwächsten Vorteile bringt. Sie tun das, weil sie die Regeln des Gemeinwesens, in dem sie leben wollen, so gestalten wollen, dass sie nach der Lüftung des Schleiers des Nichtwissens ein möglichst glückliches und zufriedenes Leben führen können.

Die Begrenzung der Ungleichheit auf das, was auch den Schwächsten nützt, ist also nicht nur aus Sicht der biblischen Option für die Armen, sondern auch für den gesunden Menschenverstand höchst plausibel. Und das erst recht

im Lichte neuerer empirischer Untersuchungen

über die materiellen Faktoren, die für die Lebenszufriedenheit ausschlaggebend sind.[5] Sie zeigen
nämlich, dass die Begrenzung der Ungleichheit
für das Zufriedenheitsniveau einer Gesellschaft
von zentraler Bedeutung ist. Nicht die absolute Höhe des materiellen Wohlstandes ist dafür
entscheidend, sondern wie er verteilt ist. Das ist
auch nicht wirklich überraschend. Denn für das
Glück ist ein bestimmter Zuwachs materieller
Sicherheit bei den Ärmeren viel entscheiden-
der als bei denen, die ohnehin schon weit mehr
haben als sie zum Leben brauchen. Für eine al-
leinerziehende Mutter, die jeden Euro zweimal
umdrehen muss, macht das gleiche Geld einen
entscheidenden Unterschied, das für einen sehr
wohlhabenden Menschen vielleicht nur Peanuts
ist. Interessanterweise haben die Wissenschaftler
herausgefunden, dass auch das reichste Drittel
der Gesellschaft zufriedener ist in Gesellschaften, in denen der soziale Ausgleich besonders
entwickelt ist.

Die Glücksforschung hat gezeigt, warum das so ist. In Deutschland ist seit etwa 40 Jahren kein Zusammenhang mehr festzustellen zwischen dem Bruttoinlandsprodukt (BIP) pro Kopf und der Lebenszufriedenheit. Befunde in anderen Ländern sind ähnlich. Bis 10.000 US-\$ BIP pro Kopf ist der Einkommenszuwachs klar mit einer Zunahme von Zufriedenheit verbunden. Bis 20.000 US-\$ gibt es noch eine Korrelation, aber sie ist viel geringer. Über 20.000 US-\$ verschwindet die Korrelation fast völlig.[6] So folgert der Glücksforscher: „Sind die materiellen (Grund-)Bedürfnisse gedeckt, so ist von einem Mehr an Materiellem aufgrund von Anpassung und Vergleich nicht mehr viel zu erwarten. Es geht vielmehr um gelingende soziale Beziehungen, um eine Aufgabe, die das eigene Dasein mit Sinn erfüllt, und die innere Haltung. Gerade die Kirchen sollten … in ihrem Handeln und Erscheinungsbild für ein gelingendes Leben, d. h. klar für einen christlichen Lebensentwurf eintreten und diesen auch erkennbar nach außen leben."[7]

Wenn wir diese Befunde ernst nehmen, muss das Eintreten für einen christlichen Lebenslauf auch einschließen, dass wir uns öffentlich für sozialen Ausgleich einsetzen. Der soziale Zusammenhalt einer Gesellschaft lebt maßgeblich von diesem sozialen Ausgleich.

Umso mehr hat mich eine Zeitungskolumne über die extremen Ungleichheiten in den Wirkungen der Pandemie auf die Verteilung des Wohlstands aufgerüttelt. Marcel Fratzscher, der Präsident des Deutschen Instituts für Wirtschaftsforschung in Berlin, einer der führenden Wirtschaftswissenschaftler Deutschlands, beschrieb darin, wie die 2.700 Milliardäre weltweit im Corona-Jahr ihr Vermögen um 60 Prozent gesteigert haben, während die Wirtschaft eingebrochen ist. Für die Hochvermögenden war das Pandemiejahr das finanziell erfolgreichste Jahr in der Menschheitsgeschichte. Die Zahl der Milliardärinnen und Milliardäre hierzulande ist um 29 auf 136 Personen gestiegen. „Pervers" nennt der Wirtschaftswissenschaftler diese Entwicklungen. Denn gleichzeitig sind nach Schätzung der Weltbank mehr als 100 Millionen Menschen durch die Pandemie in absolute Armut gefallen und müssen von weniger als 1,80 Dollar pro Tag leben. Der Boom an den Aktienmärkten, der die Vermögenszuwächse maßgeblich ermöglichte, verdankt sich nicht zuletzt den aus Steuergeldern finanzierten direkten Unternehmenshilfen. Es war richtig, dass der Staat die Wirtschaft so massiv gestützt hat. Viele Arbeitsplätze wurden damit gerettet. Aber jetzt müssen auch die Kosten gerecht verteilt werden.

Gerade in Zeiten, in denen der soziale Zusammenhalt ohnehin gefährdet ist – durch die seelischen Inzidenzen der Pandemie und die damit verbundenen bleibenden Verwundungen, durch die nervlichen Belastungen, deren Verarbeitung viel Zeit braucht, und durch Verlusterfahrungen, die bleibende Ohnmachtsgefühle verursachen, ist der soziale Zusammenhalt gegenwärtig besonderen Belastungen ausgesetzt. Umso wichtiger ist gerade jetzt der soziale Ausgleich auf der materiellen Ebene.

Der Aufruf zu solchem sozialen Ausgleich kommt keineswegs nur von den üblichen politischen Verdächtigen. Er kommt auch von denen, die selbst mit besonderem Reichtum gesegnet sind. „Millionaires for Humanity" nennt sich die Gruppe von 83 Millionär*innen, die im Jahr 2020 die Regierungen in einem offenen Brief dazu aufforderten, von sehr reichen Menschen wie ihnen materielle Solidarität einzufordern, um einen angemessenen Beitrag für den Wiederaufbau nach der Coronavirus-Pandemie leisten zu können. Jüngst hat die neue von Millionär*innen gestartete Initiative #taxmenow ähnliche Forderungen erhoben. „Corona verstärkt Ungleichheit", – so heißt es da – „verschärft Gesundheitsrisiken, reduziert Bildungschancen für Arme, während manche Vermögende und Unternehmen zu den Krisengewinnern gehören und in der Krise noch reicher geworden sind. Seit Jahrzehnten nimmt die Ungleichheit in Deutschland und international zu". Ihre Forderung ist ungewöhnlich: „Wir sind Vermögende und setzen uns für eine höhere Besteuerung von Vermögen ein, um mehr Chancen, Teilhabe und Zukunftsinvestitionen für alle zu ermöglichen."

Dass diese Initiativen von Vermögenden über eigene Wohltätigkeitsaktivitäten hinaus staatliche Verantwortung für sozialen Ausgleich einfordern, ist nicht nur Ausdruck ethischer Sensibilität, sondern auch Ausdruck von Klugheit. Denn wie wir gesehen haben lehrt schon die Klugheit, dass es zu den größten Glücksquellen einer Gesellschaft gehört, wenn alle Menschen, auch die Schwächsten, Anteil haben an den Gütern, die sie hervorbringt. Ethische Einsicht aus religiösen Quellen und Überlegungen praktischer Vernunft sprechen hier die gleiche Sprache. Das zu erkennen, ist entscheidend, wenn wir jetzt um die richtigen Weichenstellungen für die Zeit nach der Pandemie ringen. Denn es stimmt: Der Wohlstand einer Gesellschaft bemisst sich am Schicksal ihrer schwächsten Glieder.

kann man
glück
lernen?

Kann man Glück lernen? An der Willy-Hellpach-Schule in Heidelberg ist die Antwort auf diese Frage ein klares Ja. 2007 hat der damalige Schuldirektor Ernst Fritz-Schubert an seiner Schule das Unterrichtsfach „Glück" eingeführt. Ihm ging es vor allem darum, Schülern, die die Lust am Lernen verloren haben, eine andere Perspektive zu vermitteln. Das Schulfach Glück sollte helfen, die Persönlichkeit zu stärken. Viele Studien – so Fritz-Schubert – „belegen, dass Menschen, die glücklich und zufrieden sind, weniger streiten, gesünder, aufnahmefähiger und kreativer sind." Deswegen sollte in diesem Fach nicht ein Wissenskanon im Zentrum sehen, sondern Sinnfindung, Geborgenheit, soziale Beziehungen, selbstbestimmtes Handeln, Selbstakzeptanz, Umweltbewältigung, und die persönliche Weiterentwicklung.

In der Unterrichtspraxis werden psychologische Erkenntnisse mit praktischen Übungen verbunden, die unter die Haut gehen, damit sie sich im

Gehirn verankern. „Was man in Ethik gelehrt bekommt, üben wir im Schulfach Glück." So zitiert Fritz-Schubert einen seiner Schüler.

Inzwischen hat Fritz-Schubert sein eigenes pädagogisches Institut gegründet und bildet Lehrer*innen im Schulfach „Glück" aus – 500 haben die Ausbildung bisher durchlaufen. Bereits an 40 Schulen in Deutschland wird das Fach unterrichtet, in Österreich sind es 140.[8]

Ob wir das Schulfach „Glück" flächendeckend brauchen, kann offenbleiben. Sein Anliegen muss aber in jedem Falle aufgegriffen werden. Am allerbesten so, dass Sinnfindung, Geborgenheit, soziale Beziehungen, selbstbestimmtes Handeln, Selbstakzeptanz, Umweltbewältigung, und die persönliche Weiterentwicklung als Querschnittsthemen aller Schulfächer verstanden werden. Ich selbst kann mich noch gut daran erinnern, dass ich bei denjenigen Lehrern am meisten gelernt habe, die eine solche an der gesamten Persönlichkeitsentwicklung orientierte pädagogische Haltung ausgestrahlt haben.

Ganz bestimmt sollte der Religionsunterricht in der Schule diesem Ziel dienen. Er ist auch deswegen weiterhin so wichtig, weil er ein Ort sein kann und an vielen Schulen auch ist, an dem für ein erfülltes Leben wichtige Grundhaltungen eingeübt werden. Bildung muss immer auch Persönlichkeitsbildung sein. Bei religiöser Bildung gilt das ganz besonders.

schluss

Ist Frömmigkeit der Weg zum Glück? Wer sich auf Frömmigkeit als Mittel zum Zweck eines glücklichen Lebens einlässt, wird scheitern. Dass Frömmigkeit aber faktisch Horizonte des persönlichen Lebens zu erschließen verspricht, die für viele Menschen Zielpunkte ihrer Sehnsucht nach Glück sind, das ist hoffentlich deutlich geworden. Und so überrascht es auch nicht, dass Wissenschaftler am Deutschen Institut für Wirtschaftsforschung, die für die Datengewinnung beim „Sozio-ökonomischen Panel" verantwortlich sind, einen positiven Zusammenhang zwischen Religion und Lebenszufriedenheit gemessen haben. Das subjektive Wohlbefinden – so hat ihre Auswertung der Daten ergeben, lässt sich langfristig steigern, wenn Menschen ihren Glauben im Laufe der Jahre immer stärker praktizieren.

Dass das Glück aber nicht verfügbar ist, das wird deutlich, wenn wir die besondere Nähe des Glücksbegriffs zu dem Begriff des „Segens" in den Blick nehmen. „Viel Glück und viel Segen auf all Deinen Wegen, Gesundheit und Frohsinn sei auch mit dabei." So lautet eines der bekanntesten Geburtstagslieder. Mit guten Gründen werden Glück und Segen hier in einem Atemzug genannt. Beides drückt den Wunsch aus, dass es uns wohlergehe. In dem Wort „Segen" kommt die Unverfügbarkeit dieses Wohlergehens zum Ausdruck. Segen können wir nicht selbst machen. Wir können nur darum bitten. Wir können ihn nur empfangen. Wir können ihn nur in uns aufnehmen.

Für mich ist der Segen nicht nur der Schlusspunkt eines jeden Gottesdienstes, sondern auch sein Höhepunkt. Der Gottesdienst gehört zu den am meisten unterschätzten Formen der Einübung in ein erfülltes, in ein glückliches Leben. Ich weiß, das ist eine steile These. Denn viele Menschen erfahren ihn nicht so. Aber viel zu viele Menschen versuchen es überhaupt erst gar nicht mit dem Gottesdienst. Im Lichte dessen, was wir

über den Zusammenhang von Frömmigkeit und

Glück erfahren haben, würde sich das indessen tatsächlich lohnen. Denn der Gottesdienst ist so etwas wie ein Mikrokosmos der Dimensionen eines glücklichen Lebens, wie sie uns die Glücksforschung vor Augen malt.

Er bekommt seine Struktur durch die Musik, die die verschiedenen liturgischen Teile miteinander verbindet. Die Musik öffnet die Herzen und schenkt immer wieder Momente der Ganzheit, die die Seele erreichen. Im Eingangsteil steht das Bekenntnis von Schuld und die Vergebung, deren Bedeutung für das Glück wir in den Blick genommen haben. Das Dankgebet, das in keinem Gottesdienst fehlt, ist so etwas wie eine Schule der Dankbarkeit, die durch keinen noch so gut geschriebenen Glücksratgeber getoppt werden kann. In der Predigt werden biblische Texte ausgelegt, die Orientierung geben. Viele der biblischen Gleichnisse und andere Worte Jesu, von denen in diesem Buch die Rede war, sind in unseren Gottesdiensten regelmäßig ausgelegte

Predigttexte. Im Fürbittengebet denken wir an andere Menschen, besonders an Menschen in Not und werden aus dem Drehen um uns selbst herausgerissen. Fürbitte ist daher auch Ausdruck von Nächstenliebe, von Achtsamkeit in unseren sozialen Beziehungen. Der Segen schließlich ist die Krönung: er schickt uns in unseren Alltag mit dem tiefen Gefühl, dass eine Kraft uns begleitet, die „Gedanken des Friedens, nicht des Leides" (Jer 29,11) für uns hat.

Sich regelmäßig auf diesen Bogen einzulassen, sich für den Gottesdienst als Kraftquelle des Glücks zu öffnen, ihn zum Teil seines Lebens zu machen, dazu möchte ich Mut machen. Das Deutungspotenzial, das sich damit eröffnet, hilft uns, unser ganzes Leben in einen Horizont zu stellen, der uns die Augen für das Glück, das wir erfahren, überhaupt erst öffnet.

Oder ist das überhaupt eine falsche Erwartung? Ist das Glück etwas, was wir in seiner ganzen

Tiefe gar nicht jetzt erfahren, sondern erst am Ende der Zeiten? Muss man einfach auf das wirkliche Glück warten können? Das scheint Paulus zu empfehlen, wenn er davon spricht, dass wir haben sollten als hätten wir nicht (1. Kor 7,29). Soll man im Zusammensein mit einer Geliebten oder einem Geliebten sagen: „Ich habe, als hätte ich nicht"? Ich schließe mich mit dem Nein auf diese Frage an das an, was der große protestantische Theologe Jürgen Moltmann formuliert hat. Anstelle des „eschatologischen Vorbehalts" des Paulus setzt er auf die „eschatologische Vorwegnahme". Das „Noch-nicht" interessiert ihn weniger als das „Jetzt-schon". Im jetzigen Leben „kündigt sich das gute Leben schon an, im erfüllten Leben kommt schon die ewige Fülle des Lebens auf, und in der Gnade erfahren wir schon das Morgenlicht der Herrlichkeit Gottes."[9]

Mich berührt, wie der jetzt 96-jährige und damals 85-jährige Moltmann einmal die glücklichsten Tage seines eigenen Lebens beschrieben hat:

- „Am ersten Glückstag habe ich wahnsinnig geschrien wie alle Neugeborenen.

- Am zweiten Glückstag habe ich aufgeatmet und nach 5 Jahren Krieg und Gefangenschaft zu leben begonnen. Es war eine Befreiung zum Leben.

- Am dritten Glückstag habe ich mit Goethe gejubelt: ‚Oh welch ein Glück geliebt zu werden, und lieben, Götter, welch ein Glück…'"[10]

Wir können das ewige Glück schon jetzt erfahren, jedenfalls für Momente, in denen einfach alles gut ist, alles ganz ist, alles schön ist. Momente, in denen sich – religiös gesprochen – der Himmel öffnet. Die Musik kann solche Momente eröffnen. Eine intensive Beziehung kann solche Momente eröffnen. Das ausgelassene Lachen eines Kindes kann solche Momente eröffnen. Ein Sonnenaufgang über dem Meer oder in den Bergen kann solche Momente eröffnen.

Zeugnisse des Glücks gibt es viele. Ein für mich besonders berührendes stammt von einem bekannten Liederdichter. Wir kennen den Liederdichter Matthias Claudius vor allem von seinem berühmten Lied „Der Mond ist aufgegangen". Weniger bekannt ist ein anderes Lied dieses Dichters, das aber genau deswegen besonders berührend ist, weil es eine Botschaft enthält, die mit dem Glück zu tun hat und die für ein erfülltes Leben genau den richtigen Ton setzt. Es ist das Lob der Dankbarkeit. Claudius „war ein Meister, beides zu verbinden und beides zu leben: im Danken glücklich sein und im Glück dankbar zu sein" (Reiner Strunk).

Am Ende soll deswegen dieses Lied stehen:

Ich danke Gott, und freue mich
    Wie's Kind zur Weihnachtsgabe,
Daß ich bin, bin! Und daß ich dich,
    Schön menschlich Antlitz! habe;

Daß ich die Sonne, Berg und Meer,
    Und Laub und Gras kann sehen,
Und abends unterm Sternenheer
    Und lieben Monde gehen;
…
Ich danke Gott mit Saitenspiel,
    Daß ich kein König worden;
Ich wär geschmeichelt worden viel,
    Und wär vielleicht verdorben.

Auch bet' ich ihn von Herzen an,
    Daß ich auf dieser Erde
Nicht bin ein großer reicher Mann,
    Und auch wohl keiner werde.

Denn Ehr' und Reichtum treibt und bläht,
    Hat mancherlei Gefahren,
Und vielen hat's das Herz verdreht,
    Die weiland wacker waren.

Und all das Geld und all das Gut
    Gewährt zwar viele Sachen;
Gesundheit, Schlaf und guten Mut
    Kann's aber doch nicht machen.
…
Gott gebe mir nur jeden Tag,
    Soviel ich darf zum Leben.
Er gibt's dem Sperling auf dem Dach;
    Wie sollt' er's mir nicht geben!

ANMERKUNGEN

1   Die Langfassung seines Papiers findet sich unter https://www.google.com/url?sa=t&rct=j&q=&esrc=s&source=web&cd=&ved=2ahUKEwjMrY2496n2AhXdR_EDHXEvA54QFno-ECBUQAQ&url=https%3A%2F%2Farchiv.ruckriegel.org%2Fpapers%2FGluecksforschungLangfassung.doc&usg=AOvVaw2L3nCxmEEoJYba1Ct_Ai24 .

2   Karl Heinz Ruckriegel/Günter Niklewski/Andreas Haupt, Gesundes Führen mit Erkenntnissen der Glücksforschung, Freiburg/München 2015, 76.

3   Karl Heinz Ruckriegel, Glaube und Glücksforschung – was folgt daraus für die Kirchen?, in: J. Alt/K. Väthröder, Arme Kirche – Kirche für die Armen – ein Widerspruch? Würzburg 2014, 112–119 (113).

4   Ebd. 119.

5   Richard Wilkinson/Kate Pickett, Gleichheit ist Glück. Warum gerechte Gesellschaften für alle besser sind, Berlin 2009.

6   Ruckriegel (2014), 117.

7   Ebd. 118f.

8   https://www.deutschland.de/de/topic/wissen/glueck-als-schulfach-in-deutschland .

9   Jürgen Moltmann, Glück-Seligkeit, in: Heinrich Bedford-Strohm (Hg.), Glück-Seligkeit. Theologische Rede vom Glück in einer bedrohten Welt, Neukirchen-Vluyn 2011, 130.

10 Ebd. 129.

DENKEN HEISST ÜBERSCHREITEN

Jürgen Moltmann

Christliche Erneuerungen in schwierigen Zeiten

ISBN 978-3-532-62831-7

Jürgen Moltmann hat die Aufbruchsstimmung der 1960er-Jahre maßgeblich mitgeprägt. Jetzt ergreift er das Wort in einer Zeit, in der jeder Reformwille dem Verlangen nach Sicherheit gewichen ist. Dennoch: Eine andere Welt ist möglich. Wo Hoffnung das Denken beherrscht, wird das Denken zum Transzendieren. Das feste Land der Wirklichkeit ist immer umgeben von einem Meer der Möglichkeiten. Das sehr persönliche Fazit eines großen theologischen Denkers: Wer auf Gott hofft, rechnet auch mit den Möglichkeiten Gottes.

✦ claudius